Liberi manuali

Prima edizione: luglio 2008

Alessandra Buschi

Manuale pratico per interpretare i sogni

Liberamente

Introduzione

Il sogno può definirsi come un'attività cognitiva resa possibile dalle condizioni psicofisiologiche che si verificano durante la fase REM del sonno.

Il dormiveglia, la prima fase del sonno, è caratterizzata dalla diminuzione dell'attività delle onde cerebrali Alfa. Quando ci si addormenta (sonno leggero) subentrano le onde Theta. Ci si avvia verso una terza fase, scandita dall'alternanza di onde Theta e Delta, finché si arriva alla quarta fase, caratterizzata dalle onde Delta: il sonno profondo. Dopo queste quattro fasi, dette non REM (NREM), si ha cosiddetta fase REM, che è anche il momento dei sogni.

Il sonno REM è stato scoperto in America nel 1953; prima di tale data si credeva che il sonno fosse un periodo di completa inerzia e passività di tutto l'organismo. In questa fase (detta anche sonno paradosso), le onde cerebrali hanno le stesse caratteristiche di quelle dello stato di veglia, mentre la massa muscolare è al massimo del suo rilassamento. Soltanto gli occhi si muovono, e hanno anzi movimenti rapidi (di qui la sigla REM: Rapid Eye Movements) che corrispondono a un'intensa attività intellettuale simile a quella che si ha da svegli.

Le fasi del sonno, classificate alla fine degli anni Sessanta, si susseguono diverse volte per notte in una serie di cicli che durano circa novanta minuti ciascuno. Ogni fase REM ha una durata di circa dieci-venti minuti.

Gli studi più recenti sostengono che lo stato REM allerta il sistema nervoso centrale nel sonno preparandolo a reagire poi durante la veglia. Questa fase stimola e riordina le attività più alte del cervello e sviluppa il sistema nervoso (le ore di sonno REM in un bambino, in proporzione alle ore di sonno complessive, sono circa la metà); inoltre organizza la memoria prendendo informazioni e collegandole con le memorie del passato per pianificare il comportamento durante la veglia. Le onde cerebrali sembrano attivare i centri neurologici della corteccia frontale che sostengono la memoria a lungo termine.

Nei mammiferi e negli uccelli, il sonno non sembra differire dal nostro e si osserva il ciclico alternarsi di fasi NREM a brevi periodi di sonno REM, e quindi la presenza di attività onirica.

Il sogno ha una sua struttura: la parte iniziale può essere paragonata all'introduzione di uno spettacolo teatrale, in cui spesso chi sogna è il protagonista; nella parte centrale vi è un'azione vera e propria, un accadimento; la fine del sogno non è necessariamente una risoluzione, ma anzi spesso il sogno si dissolve.

Una volta svegli dimentichiamo gran parte delle sensazioni e percezioni provate durante la nostra attività onirica e di solito memorizziamo solo le più intense, scartando quelle meno importanti. In parte infatti, ricordando un sogno, tendiamo a ricostruirlo in maniera non perfettamente attendibile, colmando i vuoti lasciati dalle parti rimosse.

L'alterazione dello stato di coscienza che si verifica durante il sonno favorisce un modo diverso di vedere e di valutare la realtà, ed è per questo che fin dall'antichità ai sogni è stata attribuita valenza di verità, saggezza e presagio più o meno diretto.

Da sempre ci si chiede se i sogni abbiano o meno un significato. Nell'antichità si riteneva che il sonno fosse un ponte verso altre dimensioni, che i sogni fossero messaggi di entità ultraterrene e che potessero essere di due tipi: o influenzati dal presente e dal passato, o sogni prescienti, con i quali cioè si può determinare il futuro. Di qui le profezie, la previsione di eventi imminenti e i sogni simbolici.

È di quattromila anni fa, in geroglifici corsivi, il libro più antico di interpretazione dei sogni che abbiamo ritrovato. Nell'antico Egitto il sogno serviva per comunicare con il mondo dei defunti e con le divinità e il suo carattere profetico era riservato agli studiosi di medicina e di magia.

Dalla Mesopotamia è arrivato fino a noi, su tavolette d'argilla e a caratteri cuneiformi, il libro di interpretazione dei sogni dei sumeri. Qui i sogni erano suddivisi e analizzati a seconda del loro carattere profetico e ne abbiamo testimonianza anche dalle gesta dell'eroe Gilgamesh.

Per gli antichi Greci i sogni erano "emissari divini": sognare, nell'antica Grecia, era un'attività considerata soprattutto per la sua funzione profetica e risanatrice e veniva praticata in grotte apposite, dette "grotte dei sogni", e addirittura rappresentata sotto forma di dramma nei teatri.

Del 200 d.C. è l'*Onirocritica* di Artemidoro di Daldi, il quale durante i suoi innumerevoli viaggi raccolse e studiò più di tremila sogni, dissertando di interpretazione, simboli onirici, psiche, sogni naturali e sogni premonitori, anticipando in un certo qual modo la teoria freudiana e quella junghiana degli archetipi. Artemidoro mise a punto un "metodo scientifico" di classificazione e interpretazione dei sogni sul quale si sono poi basati molti autori e studiosi per diversi secoli a venire. I sogni per Artemidoro sono da considerarsi il risultato del lavoro psichico notturno e hanno l'intento di educare e di consigliare la via giusta da seguire nella realtà.

Nell'antica Roma, l'iniziale importanza della funzione oracolare dei sogni sostenuta ad esempio dall'imperatore Augusto, pian piano si affievolì fino ad essere, in certi momenti, addirittura vietata, come ad esempio sotto l'imperatore Tiberio, o screditata da personaggi come Cicerone e Tolomeo, lasciando come premonitori soltanto i sogni fatti in punto di morte.

Nell'Islam la pratica oniromantica considerava la possibilità di comunicazione tra Allah e gli esseri umani, quindi l'interpretazione dei sogni era alla base di molte regole e situazioni di vita quotidiana (lo stesso Corano inizia con un'immagine onirica). I sogni erano "messaggio e rivelazione" ed erano divisi in categorie a seconda provenissero da Allah, dal demonio o da bisogni materiali.

Anche per l'ebraismo i sogni sono considerati emanazione del volere divino e contengono messaggi che mediano tra l'essere umano e Jahvè. Nella tradizione ebraica e nel Talmud, così come nella Bibbia (si ricordi il famoso sogno di Giuseppe, figlio di Giacobbe, delle sette vacche grasse e delle sette vacche magre, interpretato come sette anni di abbondanza seguiti da sette anni di carestia), moltissimi sono i riferimenti a profezie e a interpretazioni.

Nel Medioevo i sogni ebbero una considerazione contraddittoria: o demonizzati o innalzati a rappresentazioni dello spirito di Dio. Spesso infatti troviamo figure di santi ai quali Dio si è manifestato in sogno con premonizioni e avvertimenti, affiancate a divieti quali quelli emanati da Gregorio II, il quale proibirà l'interpretazione dei sogni, pena la morte, in quanto ritenuti oscena manifestazione del demonio. Di qui anche la sanguinaria persecuzione delle cosiddette streghe. Furono le influenze scientifiche e filosofiche di Aristotele che, nel basso Medioevo, iniziarono a mitigare questa visione demonica e che portarono a una visione terapeutica dei sogni, i quali, per mezzo di una certa simbologia, potevano fornire consigli per la cura di malattie. Ancora oggi l'attività onirica è studiata per questo scopo e molti sono gli esperimenti e le ricerche che vengono effettuati sulla possibilità di rilevazione di malattie latenti tramite i sogni.

I sogni quindi, fin dall'antichità e per moltissime culture, religioni e tradizioni, nel Buddhismo come nelle antiche saghe nordiche, hanno avuto valore di verità e di premonizione, ma sarà nel 1899, con l'*Interpretazione dei sogni* di Sigmund Freud, che si getteranno i fondamenti dello studio psicoanalitico dell'attività onirica.

Freud giunge alla conclusione che il sogno è la continuazione della vita vigile e che l'attività onirica è influenzata da molteplici fattori, riconducibili a elementi di accadimenti ed esperienze del sognatore che durante la veglia sono stati rimossi. Freud parla quindi dei sogni come di una rappresentazione simbolica e metaforica, cioè di elementi che rappresentano concetti astratti e che non sono realmente presenti nella vita di chi sogna. Egli individua dei sogni che definisce "tipici", che cioè ritornano in modo simile in molte persone, quali il cadere, il volare, il disagio per la nudità, la perdita dei denti. Inoltre indica la qualità associativa dei sogni, cioè di elementi che si legano in modo logico ad accadimenti della veglia.

Per Freud tutti i sogni sono l'espressione di desideri sessuali infantili rimossi e sono lo strumento che può condurre alla conoscenza dell'inconscio. Si può dire che il sogno, secondo Freud, sia una valvola di sicurezza della psiche.

Freud generalizza alcune rappresentazioni simboliche, ad esempio certi oggetti che si sviluppano in lunghezza e le armi da taglio (che rappresenterebbero il pene), oggetti che possono contenere, quali armadi, scatole ecc. (la rappresentazione simbolica degli organi sessuali femminili), il re e la regina (i genitori), salire e scendere (l'atto sessuale), muri lisci (uomini), tutto ciò che è sporgente come balconi e mensole (donne). Alcuni capi di vestiario rappresenterebbero per Freud donne e uomini (ad esempio cravatte e cappelli); la castrazione sarebbe rappresentata da calvizie, taglio di capelli, caduta dei denti, decapitazione, mentre insetti e piccoli animali riporterebbero ai fratelli e alle sorelle di chi sogna.

In seguito Carl Gustav Jung analizza i sogni partendo da archetipi, cioè da simboli e significati che fanno parte di un immaginario collettivo, distanziandosi da Freud che partiva essenzialmente da una simbologia sessuale. Secondo Jung i sogni possono avere una funzione compensatrice, cioè correggere o riequilibrare durante il sonno la nostra coscienza.

Sono considerati sogni comuni quei sogni che durante il sonno permettono di rielaborare l'accaduto della realtà più prossima, e che spesso si riferiscono al giorno appena trascorso e che sono quindi un riflesso e una reinterpretazione della realtà. Questi sogni sono da distinguersi da quelli considerati "grandi sogni", cioè sogni con immagini molto forti riconducibili a degli archetipi, che segnalano momenti particolari di grande cambiamento nella nostra vita.

Un sogno è da considerarsi ricorrente quando si presenta più volte con la stessa struttura e gli stessi elementi. Di solito indica un problema o un bisogno che non viene considerato a livello cosciente. A volte i sogni ricorrenti sono dei veri e propri incubi in cui la nostra psiche cerca di richiamare la nostra attenzione su qualcosa che "teniamo nascosto", temiamo o non vogliamo vedere.

È necessario inoltre individuare in un sogno la presenza di elementi che lo riportino all'appagamento di un desiderio. Ad esempio, se si sogna di bere dopo aver mangiato cibi salati, questo sogno può indicare l'appagamento di questo nostro bisogno reale.

L'interpretazione di un sogno è una pratica complessa che non deve tralasciare un'analisi più ampia: il sogno infatti è anche il risultato del patrimonio culturale e della storia personale di chi ha sognato. Con la stesura di questo prontuario si è cercato di dare alcuni elementi utili per fornire un quadro essenziale della simbologia psicoanalitica e della valenza tradizionale di presagio dei sogni più comuni.

Molte sono le teorie che si sono sviluppate attorno ai sogni; Erich Fromm ad esempio ipotizza che quello dei sogni sia l'unico vero linguaggio universale, valido per tutte le epoche e per tutte le civiltà. Vero è che i sogni possono essere uno strumento per distaccarsi dalla quotidianità, prendere coscienza, avere una conferma o rivelare aspetti, paure o bisogni di cui non abbiamo ancora consapevolezza. Ricordare, raccontare e interpretare i propri sogni può quindi aiutare a conoscere meglio, riflettere e "lavorare" su se stessi.

Alessandra Buschi

A

ABBANDONO: sognare di abbandonare qualcuno preannuncia una situazione negativa che tuttavia può portare a buoni risultati. Questo sogno infatti indica un distacco doloroso ma forse necessario per il proprio futuro. Sognare invece di essere abbandonati può presagire momenti di allegria.

ABBONDANZA: sognare di possedere beni in abbondanza può preannunciare ristrettezze economiche.

ABBRACCIARE: sognare di abbracciare amici o parenti è segno di possibili raggiri. Positivo l'abbraccio di una donna o di un estraneo: fortuna in arrivo e affari a gonfie vele. Se si sta vivendo un momento particolarmente felice, sognare un abbraccio può indicare la felicità reale che si sta vivendo.

ABITO: gli abiti sono simbolo di nudità e sognarli indicano protezione e sicurezza. Sognare di indossare un abito per la prima volta annuncia un momento importante della propria vita e sogni che presto si realizzeranno. Se invece si tratta di un abito usato o addirittura logoro, possibile cambiamento negativo. Indossare in sogno abiti di taglia più piccola indica che la situazione economica migliorerà. Segnale negativo per la salute invece se si sogna di indossare abiti smisurati. Sognare di togliersi un abito in sogno può indicare bisogno di cambiamento. Sognare un abito da sposa può indicare novità.

ABORTO: sognare di venire a conoscenza di un aborto annuncia contrarietà. Segnale positivo invece sognare di abortire.

ACCENDINO: può indicare un incontro amoroso o novità nelle relazioni.

ACQUA: simbolizza la vita, il grembo materno, ed è ricca di significati. Se si sogna di berla fresca si avranno tranquillità, salute e amicizie. Se invece è calda si preannunciano disgrazie e delusioni. Se è sporca e stagnante, malattie piuttosto serie. Sognare di camminare sull'acqua preannuncia felicità ma non immediata, disperderla invece dolore e tristezza. Sognare di nuotare annuncia divertimento e serenità in amore. Nuotare in profondità può indicare la necessità di capire meglio se stessi.

ACROBATA: segnala ottima salute e che si otterranno buoni risultati per un progetto difficile. In caso di cadute ci si deve aspettare perdite e danni economici.

ADDIO: questo sogno può indicare un allontanamento ma può preannunciare anche di rivedere presto la persona da cui ci siamo separati.

ADOLESCENTE: è un sogno che presagisce buona salute e longevità. Se è moro può anche preannunciare infedeltà; prosperità e felicità se è biondo.

AEROPLANO: se lo si sogna volare è di ottimo augurio, soprattutto se lo si vede anche atterrare, ma questo sogno può anche indicare un certo senso di impotenza di fronte alle situazioni. Se invece si sogna un aereo che precipita, cattive notizie. Se fermo a terra, periodo non troppo fortunato in arrivo. Sognare di guidare un aeroplano indica un forte bisogno di libertà e può preannunciare un viaggio.

AFFARI: sognare di fare buoni affari consiglia maggior cautela; se si sognano affari che vanno male, possibile eredità in arrivo.

AFFOGARE: sognare di affogare indica guadagni, forse un'eredità. Se è qualcun altro ad affogare, esiti molto positivi.

AGLIO: indica capacità di difendersi e di raggiungere i propri obiettivi. Sognare di mangiarlo è annuncio di prossime liti e discrepanze che però verranno superate. Può presagire la rivelazione di un segreto.

AGNELLO: se pascola è segno che si riceveranno dei regali; se è morto, inganni e delusioni.

AGO: sognare di pungersi presagisce contrarietà, rivalità e gelosia in campo lavorativo, soprattutto se l'ago è rotto, ma se si sogna di infilare un ago ci si può aspettare fortuna negli affari.

AGONIA: è un sogno che indica buona salute.

ALBERGO: questo sogno consiglia di guardare di più al proprio futuro. Può indicare solitudine, malinconia, incertezza e distacco emotivo. Se si sogna di vagare per un albergo può indicare situazioni non durature.

ALBERO: l'albero è simbolo di conoscenza, percorso, forza e potenza. Si hanno vari significati a seconda dell'immagine sognata: un albero verdeggiante significa continuità; spoglio, guai e perdite finanziarie in arrivo. Se sull'albero ci sono degli uccelli, buoni risultati, ma se questi sono neri bisogna prestare attenzione a persone invidiose.

ALIENO: sognare esseri extraterrestri può indicare senso di solitudine e di emarginazione e può segnalare il bisogno di nuove amicizie e situazioni.

ALLORO: presagisce successi e fortuna. Per le donne nubili può preannunciare un matrimonio e per quelle già sposate un figlio. Sognare di essere incoronati con alloro indica pace e fortuna in ambito familiare.

ALTALENA: è segno di prossimo matrimonio. Per chi è già sposato indica felicità in campo familiare.

ALTARE: sognare di costruire un altare è segno di future soddisfazioni; distruggerlo, dispiaceri e delusioni.

AMANTE: questo sogno può indicare un buon rapporto con il partner e buone relazioni in generale.

AMBULANZA: se si sogna di chiamare un'ambulanza per qualcuno vivremo presto un dispiacere, forse causato dalla morte di una persona vicina.

AMICO: se si sogna di divertirsi con un amico, presto potrebbero sorgere discrepanze proprio con lui. Se si sogna un amico che non si vede da tempo morto o ammalato, è di buon auspicio anche per lui; inoltre lo si potrebbe rivedere presto.

AMMALATO: sognare di curare un ammalato è di buon auspicio. Se l'ammalato è chi sogna, può indicare malessere e perdita di energie.

AMORE: sognare di amare una persona di cui si è realmente innamorati indica il nostro rapporto con il partner. Sognare di amare una persona ed essere rifiutati è un segno di speranza. Sognare di amare una persona anziana può preannunciare dispiaceri. Uno sconosciuto, grande capacità di amare.

AMPUTAZIONE: sognare di subire un'amputazione indica una perdita, forse di una persona cara.

ANATRA: presagisce seccature, pettegolezzi e commenti antipatici.

ANELLO: segno positivo. Indica serenità e potere.

ANGELO: l'angelo in sogno è portatore di buone notizie e di desideri che si avverano. Può preannunciare aiuto e consolazione in un momento di crisi.

ANIMA: vedere un'anima salire in cielo è un ottimo presagio: indica che si è amati dalle persone che ci stanno vicine.

ANIMALI: vedere animali in sogno può simboleggiare i nostri istinti, anche quelli che non accettiamo. Sognare di dar da mangiare a degli animali presagisce buona fortuna e prosperità. Vederli può anche annunciare che presto si riceveranno notizie da una persona lontana.

ANNAFFIARE: sognare di annaffiare un giardino rigoglioso prospetta prossime avventure in campo sentimentale. Se si annaffiano ortaggi, dannosi pettegolezzi.

ANTENATO: ricordare in sogno i propri antenati può preannunciare una prossima disgrazia in famiglia. Vederli, invece, dissapori con i parenti.

ANTICHITÀ: può preannunciare un prossimo aiuto. Se si sogna il furto di un oggetto antico si potrebbe verificare la separazione di due persone a causa di una terza. Questo sogno per una vedova o un vedovo può anche essere presagio di nuovo matrimonio.

ANZIANO: sognare una persona anziana indica riflessione e maturità e può presagire un consiglio che ci verrà dato. Sognare di invecchiare può indicare un periodo di stanchezza ma può presagire anche vita agiata.

APE: segno di benessere economico e di prosperità. Se si sogna di essere punti da un'ape si prospetta un periodo sfortunato in cui un parente o un amico potrebbero anche arrecarci danno e preoccupazioni sul lavoro. Uccidere un'ape in sogno non è di buon auspicio. Se ci viene offerto del miele in sogno, prosperità in famiglia e sul lavoro. Sognare un alveare indica grande attività e prosperità, ma se abbandonato o distrutto, malattia, progetti non realizzati, contrasti. Sognare uno sciame può indicare ansia e desiderio di maggiore autonomia.

AQUILA: l'aquila ha un posto d'onore in molte tradizioni, da quella atzeca a quella degli indiani d'America. È simbolo di potere e di desiderio di dominio. Vederla volare in sogno indica che ogni nostro sforzo sarà premiato con il successo. Questo sogno consiglia di moderare il proprio orgoglio e di fare attenzione ai bisogni degli altri. Ucciderla in sogno è segno di grave pericolo. Sognare di essere attaccati dall'aquila può presagire il rischio di un incidente. Montarle sul dorso può presagire pericolo mortale.

AQUILONE: questo sogno può indicare progetti legati a un filo e la possibilità di delusioni, ma anche momenti di spensieratezza.

ARATRO: questo sogno consiglia il risparmio. Sognare di utilizzare un aratro, prosperità negli affari.

ARCO: scoccare una freccia può indicare la fine di un periodo negativo. Se si mira a un bersaglio e si centra, realizzazione dei propri progetti.

ARCOBALENO: sognare un arcobaleno annuncia la fine di un periodo tormentato e l'inizio di un periodo ricco di serenità, sicurezza economica e buona salute.

ARGENTO: vedere dell'argento in sogno è presagio di lunga vita, ma sognare di venderlo o trovarlo, difficoltà soprattutto negli affari.

ARMADIO: indica la famiglia e i propri ricordi. Sognare un armadio vuoto può preannunciare liti e dispiaceri. Pieno, invece, abbondanza. Questo sogno consiglia di riordinare la propria vita, sbarazzandosi delle situazioni superate e far spazio alle nuove.

ARMI: le armi da fuoco indicano liti violente; le armi da taglio invece inimicizie. Sognare di ricevere armi in dono è simbolo di riconoscimenti. Sognare di ferirsi con la propria arma può preannunciare una malattia; se è qualcun altro a ferirci si deve prestare attenzione ai tradimenti.

ARRAMPICARSI: sognare di arrampicarsi è la rappresentazione simbolica dell'atto sessuale. Sognare di arrampicarsi su di un albero presagisce gratificazioni; su di un muro, ostacoli da superare.

ARRESTO: indica mancanza di impegno, dissapori in famiglia e guai.

ASCENSORE: questo sogno può indicare bisogno di aiuto e di essere facilitati in un'impresa. Ascensori traballanti, insicurezza e senso di inadeguatezza. In alcuni casi sognare un ascensore può annunciare invecchiamento precoce. Sognare un ascensore che cade, delusioni.

ASINO: bianco, presto si riceverà del denaro. Scuro, inganni a cui però si riuscirà a porre rimedio.

ASSASSINIO: sognare un assassinio preannuncia miglioramenti. Sognare di essere assassinati indica dissapori in famiglia e possibili sensi di colpa.

ASSEMBLEA: un'assemblea formata da soli uomini consiglia di evitare discussioni; formata da sole donne invece può preannunciare un prossimo matrimonio in famiglia.

ASTUCCIO: questo sogno annuncia che presto verranno ritrovati oggetti che si credevano perduti o che verremo messi al corrente di un segreto.

ATTORE: questo sogno consiglia di non perdere tempo e di non farsi distrarre da qualcuno che potrebbe nuocerci.

ATTRAVERSARE: se si sogna di attraversare una strada affollata o trafficata può indicare senso di smarrimento di fronte alle decisioni. Se si sogna di attraversare un corso d'acqua, determinazione. Un ponte, è segnale di prove: se lo si supera, i risultati sono garantiti.

AUTOBUS: questo sogno indica bisogno di potersi affidare agli altri per la soluzione dei propri problemi e la tendenza a delegare le responsabilità. Sognare di perdere l'autobus segnala una situazione ansiosa, forse data da un cambiamento, in cui si teme di sbagliare o di poter perdere qualcosa di importante. Può significare che è necessario prepararci a cogliere un'occasione al volo.

AUTOMOBILE: questo sogno rappresenta le relazioni con gli altri. Se non si possiede un'automobile e si sogna di salirvi, si preannuncia una buona carriera nel lavoro. Se a sognare è una persona con buone possibilità economiche si potrebbero preannunciare ulteriori guadagni, ma se nel corso del sogno si rimane a piedi, potrebbero insorgere varie difficoltà che non porteranno a buoni risultati. Sognare di guidare un'auto superaccessoriata può segnalare senso di inferiorità. Questo sogno consiglia di riflettere sugli aspetti della vita che non danno soddisfazione. Sognare qualcun altro alla guida di un'auto indica situazioni in cui si ha bisogno di aiuto.

AVARO: per alcuni sognare un avaro è presagio di buone notizie, secondo altre interpretazioni invece è segno di perdite.

AVORIO: si preannunciano buone notizie e regali.

AVVOCATO: se indossa la toga avverte che bisogna fare più attenzione ai propri interessi ed essere più cauti nella scelta degli amici.

AVVOLTOIO: questo sogno può essere presagio di situazioni gravi anche di salute.

ACCAREZZARE: essere accarezzati in sogno preannuncia qualcosa di piacevole, forse ricompense sul lavoro; accarezzare, dispiaceri.

B

BACIARE: sognare di baciare qualcuno indica desiderio di unione e di poter esprimere il proprio affetto. Può preannunciare la visita di una persona cara. Sognare di baciare una persona anziana può indicare desiderio di maggiore conoscenza ed esperienza; sognare di dare baci sulle guance segnala amicizia. Se sulla fronte, tenerezza e senso di protezione verso una persona. Baciare il suolo invece indica umiliazioni.

BAFFI: i baffi lunghi sono segno di buona sorte. Se non troppo lunghi indicano un amore ancora in erba. Se è una donna a sognare i baffi, dovrà fare attenzione ai tradimenti.

BAGNO: sognare di fare il bagno in una vasca segnala buona salute. Se l'acqua è limpida indica tranquillità, desiderio di cambiamento e di capire meglio se stessi; se invece è torbida presagisce noie e delusioni.

BALAUSTRA: può indicare fortuna ma anche bisogno di aiuto.

BALCONE: sporgersi in sogno da un balcone presagisce la realizzazione dei propri desideri. Sognare di veder crollare un balcone, problemi e difficoltà di comunicare che possono portare a situazioni spiacevoli. Sognare di stare al balcone con altre persone indica amicizie e bisogno di sostegno, mentre buttarsi da un balcone per sfuggire a qualcuno può indicare situazioni lavorative difficili.

BALENA: la balena è simbolo di forza. Sognare di veder nuotare una balena presagisce abbondanza e miglioramento della situazione economica; se si è malati, una pronta guarigione. Sognare di essere inghiottiti da una balena indica desiderio di isolamento.

BALLO: indica allegria e buona salute. Se si tratta di un ballo di carnevale, avverte di fare più attenzione alle spese. Sognare una ballerina consiglia di fare attenzione alle dicerie.

BAMBINO: sognare un bambino è segno di felicità, fortuna in amore e gioie in generale, soprattutto se si tratta di un neonato. Se però si tratta di un bambino malato, è invece presagio di gravi disgrazie.

BANCO: se si sogna un banco è meglio diffidare di progetti o proposte fatti da altri. Se si tratta di un banco di chiesa, probabili nozze in vista. Se invece si tratta del banco di un negozio, è meglio evitare di trattare affari o giocare d'azzardo e conservare il proprio denaro per un'occasione migliore.

BANDIERA: buone notizie: se sventola presagisce una promozione sul lavoro; sognare di issare una bandiera, piacevoli riconoscimenti.

BANDITO: sognare un bandito può indicare il rimuginare inutilmente sul passato e può preannunciare qualcosa d'imprevisto.

BARA: è un sogno che può essere sia di buono che di cattivo auspicio. Sognare di stare sdraiati in una bara indica una lunga vita felice o l'arrivo di un'eredità. Vedere qualcuno in una bara, qualcosa di spiacevole che sta per capitare. È un sogno che avverte del desiderio di una rinascita spirituale.

BARBA: sognare di avere la barba è indice di sicurezza e abilità negli affari. Veder tagliare la barba annuncia che una persona conosciuta potrebbe ammalarsi. Vedere qualcuno con la barba nera indica dispiaceri, bionda contrarietà e bianca delusioni in amore. Se è una donna incinta a fare questo sogno, si preannuncia la nascita di un figlio maschio.

BARBABIETOLA: sognare di coltivare barbabietole preannuncia fortuna.

BARCA: navigare in acque calme indica buoni risultati sul lavoro, affetto nelle amicizie e forse un viaggio. Se si avverte una leggera brezza, anche fiducia e buona volontà di affrontare eventuali avversità. Trovarsi invece in acque agitate preannuncia qualcosa di cui temere. Se si sogna un'imbarcazione che naufraga, progetti che non vanno a buon fine e senso di sconfitta. In questo caso il sogno consiglia un periodo di riposo e riflessione.

BARRICATA: sognare delle barricate è di cattivo auspicio: si creeranno inconvenienti in ambito familiare.

BASTIMENTO: sognare di viaggiare su un bastimento può presagire una visita gradita; un bastimento in mezzo alla tempesta, invece, problemi di salute.

BASTONE: sognare di comprare un bastone vuol dire che si sfuggirà a un grave pericolo; poggiarsi su un bastone, malattia. Sognare di dare o ricevere bastonate presagisce danni materiali e un futuro incerto.

BATTAGLIA: trovarsi su un campo di battaglia indica che si stanno correndo dei rischi e che c'è la possibilità di subire inganni e fastidi.

BATTESIMO: sognare un battesimo è un presagio felice, ma sognare di venire battezzati annuncia un periodo di disgrazie.

BAULE: vedere un baule in sogno può presagire una vincita o un viaggio. Se aperto ma vuoto, indica malattia. Chiuso presagisce una gradevole sorpresa.

BELVA: sognare di essere inseguiti da una belva significa avere dei nemici che cercano di intralciare il nostro cammino.

BENDA: è un sogno di buon auspicio. Sognare di togliersi le bende oppure sognare una persona bendata indica la fine di tutte le contrarietà.

BENZINA: indica energia ma può anche presagire un pericolo improvviso.

BERE: sognare di bere in compagnia indica fiducia e intimità e può preannunciare un segreto che ci verrà confidato. Bere da soli può portare cambiamenti. Bere acqua fresca indica buona salute; acqua calda disturbi passeggeri; vino, allegria, ma se rosso può predire qualcosa di cui vergognarsi.

BERRETTO: sognare di avere un berretto in testa può preannunciare un invito, ma anche qualche problema familiare.

BESTIAME: se il pastore che nel sogno conduce il bestiame è povero, si preannunciano benefici e allegria; se invece il pastore appare benestante, dispiaceri e disavventure.

BIBLIOTECA: se gli scaffali che si sognano sono pieni di libri, buona ricompensa per il lavoro svolto e per i progetti intrapresi. Se gli scaffali sono vuoti, invece, pigrizia.

BICCHIERE: presagisce un matrimonio. Se pieno d'acqua, anche una gravidanza; di vino, fine dei dispiaceri. Sognare un bicchiere rotto indica fortuna anche nelle difficoltà. Se lo si rompe in sogno, cattiva salute.

BICICLETTA: è un segno positivo che annuncia cambiamento e voglia di indipendenza. Cadere dalla bicicletta avverte della possibilità di perdere del denaro in un affare avventato o la sensazione di avere troppe responsabilità. Sognare spesso di andare in bicicletta può indicare introversione.

BILANCIA: la bilancia indica equilibrio. Può preannunciare accuse e cause legali.

BILIARDO: questo sogno avverte di non intraprendere operazioni commerciali avventate.

BIRRA: sognare di bere birra indica un periodo positivo ma meglio fare attenzione a qualche possibile intrigo.

BISCOTTO: sognare biscotti è augurio di buona salute e buona sorte. Mangiarne in sogno può anche prevedere un viaggio.

BOCCA: la bocca nei sogni simboleggia lo strumento della coscienza che può dar voce alla ragione. Se grande e carnosa simboleggia guadagni e prosperità. Piccola, disprezzo per un amico o un familiare. Sognare una bocca aperta con i denti in evidenza può indicare degli aspetti molto duri della vita di chi sogna oppure aggressività repressa.

BOMBA: sognare una bomba è segno di problemi incombenti, possibili disgrazie e questioni delicate da risolvere.

BORSA: se piena, periodo fortunato. Vuota, soddisfazioni che si faranno attendere. Se piena di pietre, fortuna al gioco.

BOSCAIOLO: questo sogno preannuncia sforzi che ancora restano vani a causa di errori fatti nel passato.

BOSCO: il bosco e la foresta sono simboli legati alla sopravvivenza, all'istintività e alla protezione. Sognare un bosco presagisce buone notizie in arrivo. Sognare di perdersi in un bosco indica insicurezza in se stessi e necessità di recuperare le proprie forze.

BOTTE: è un sogno di buon auspicio se si tratta di botti vuote.

BOTTEGA: può indicare incomprensioni durature e insanabili, ma se vende vino è indizio di un matrimonio fortunato in arrivo.

BOTTIGLIA: sognare di riempire una bottiglia può annunciare nuove amicizie. Sognare di romperla potrebbe presagire un'eredità. Se è piena indica buona salute; se vuota, periodo poco felice.

BOTTONE: sognare bottoni può annunciare dispiaceri a causa di infedeltà nelle amicizie.

BRACCIALE: segno di buon auspicio in genere; può significare prossimo matrimonio o innamoramento, soprattutto se d'oro e se indossato al polso destro.

BRACCIO: se è forte e robusto segnala felicità. Villoso, ricchezza. Rotto, gravi difficoltà e infermità.

BUCO: sognare di avere la casa piena di buchi può preannunciare la partenza di un familiare. È meglio non arrischiarsi nelle imprese incerte se si sogna di indossare abiti bucati o di avere le suole bucate.

BUE: questo sogno segnala buone notizie in arrivo e periodo gratificante.

BUFERA: sognare una bufera può indicare sentimenti di rabbia e aggressività, ma anche determinazione e quindi il cambiamento di alcune situazioni.

BUIO: il buio indica difficoltà e senso di impotenza di fronte alle situazioni della vita. Scorgere un raggio di luce che rompe il buio preannuncia che con perseveranza e coraggio potremo cambiare radicalmente la nostra situazione.

BURRO: sognare di mangiare burro preannuncia liti in famiglia e con gli amici a causa di pettegolezzi.

BUSSARE: questo sogno indica un carattere diffidente. Sentir bussare in sogno può preannunciare l'arrivo di notizie.

C

CACCIA: indica soddisfazione. Sognare di aver preso molta selvaggina presagisce guadagni e buoni affari.

CADAVERE: sognare di baciare un cadavere presagisce vita lunga e felice. Stringere la mano a un cadavere anche possibilità di vincita al gioco.

CADERE: sognare di cadere segnala un periodo difficile con molti ostacoli. Cadere da luoghi elevati può essere un avvertimento a non rischiare. In generale indica angoscia legata alla paura di subire perdite. Per le donne sognare di cadere può anche rappresentare sensi di colpa per paura di cadere in tentazione. Sognare di cadere da un albero può annunciare una delusione.

CAFFÈ: sognare chicchi di caffè indica un miglioramento economico. Macinato, che i nostri desideri si potrebbero realizzare presto, anche se con qualche difficoltà. Sognare di bere un caffè in compagnia può indicare il bisogno di nuove e buone amicizie.

CALAMITA: questo sogno consiglia di diffidare di un amico.

CALENDARIO: indica preoccupazioni e avverte di non accettare un invito, così da evitare un grosso dispiacere.

CALVIZIE: sognare di rimanere calvi indica tristezza e dispiaceri, forse per un lutto. Se chi appare calvo è un amico, può significare che la sua timidezza potrà portarlo a lasciarsi scappare una buona occasione. Sognare un uomo calvo può portare ricchezza.

CALZA: se si sogna una sola calza, discussioni con un familiare. Sognare di infilarsi le calze può indicare prossime perdite; togliersele può presagire la fine delle proprie preoccupazioni e apertura verso nuove esperienze.

CAMERA: la camera da letto è legata all'intimità, ai rapporti sessuali e d'amore ma anche al bisogno di rigenerarsi e di stare con se stessi. Nel sogno la camera da letto è legata quindi ai sentimenti e al bisogno di protezione. Questo sogno può consigliare di riflettere sui sentimenti su cui si basa un rapporto d'amore, di amicizia o di parentela.

CAMICIA: bianca e ben stirata indica buone notizie in arrivo; sporca o allacciata fino al colletto può preannunciare pericolo e problemi causati da una persona vicina. Indossare in sogno una camicia sbottonata o togliersela indica la volontà di apertura e chiarezza.

CAMINO: il camino simboleggia la vita familiare. Se si sogna un camino acceso, serenità e benessere; se invece si sogna un camino spento, sono in arrivo delusioni, probabilmente in amore. Un camino in cui il fuoco langue indica un rapporto che si trascina senza più passione. Se nel camino arde un fuoco molto forte, possibili relazioni extraconiugali.

CAMION: questo sogno può indicare forte senso di responsabilità o qualcuno o qualcosa che opprime e ostacola i nostri progetti. In alcuni casi questo sogno può preannunciare l'arrivo di una piccola eredità.

CAMMELLO: sognare una carovana di cammelli è segno di ricchezza e e può anche presagire un viaggio.

CAMMINARE: sognare di camminare può predire un bel viaggio. Camminare molto lentamente in sogno denota poca cura per i propri interessi. Velocemente, attività. Sognare di camminare sulle braci ardenti, difficoltà. Se da soli, può predire un incontro.

CAMPANA: rintocchi allegri indicano che il nostro comportamento è criticato in modo negativo dagli amici; se invece la campana suona a morto, può riguardare la previsione di una morte.

CAMPANILE: presagisce fortuna e potere; se in rovina invece perdita dell'impiego o lutto in famiglia.

CAMPO: un campo verde o coltivato annuncia un matrimonio o un'eredità inattesa; se incolto, contrarietà sul lavoro.

CANARINO: il canarino rappresenta la tenerezza, la fragilità, l'allegria e il desiderio di libertà. Indica anche il desiderio di esprimersi e può presagire piaceri e novità. Se canta segnala ricchezza, ma anche possibili inganni. Sognarlo chiuso in gabbia può indicare difficoltà ad esprimersi e ad affrontare una situazione. Se lo si sogna uscire dalla gabbia, presagisce invece la possibilità di risolvere i propri problemi.

CANDELA: sognare di fabbricare candele indica futuri guadagni. È tradizione dire che sognare una sola candela accesa presagisce una nascita, due una morte.

CANDELABRO: questo sogno può prevedere il ritrovamento di un oggetto che si era perduto. Se sul candelabro non vi sono candele accese, inganni e pettegolezzi.

CANE: il cane è un simbolo presente fin nella più antica mitologia. Se in sogno ci difende o ci è amico, può indicare bisogno di aiuto e di far valere le proprie idee. Se nel sogno appare di colore nero può indicare un nemico pericoloso da cui mettersi in guardia. Un cane che dorme indica pace e tranquillità; se invece abbaia o ringhia bisogna fare attenzione in senso generale. Sognare più cani che si azzuffano presagisce liti in famiglia. Se ha la rabbia può presagire una vincita al gioco.

CANNIBALISMO: indica senso d'inadeguatezza e di non appartenenza.

CANTARE: è presagio di tristezza, anche se un canto melodioso può annunciare ricchezza. Può indicare bisogno di aiuto, ma anche creatività e desiderio di esprimersi. Se si tratta di un canto con ritornello, potrebbero esserci delle noie in arrivo.

CANTINA: sognare di trovarsi in una cantina può indicare qualche insidia che può minare alla propria felicità.

CAPANNA: segno di modesta felicità. Se la capanna che si sogna è abbandonata, dolori e soprattutto perdita di amicizie.

CAPELLI: secondo la tradizione, capelli neri e crespi presagiscono sfortuna. Sognare capelli ben pettinati porta buone amicizie e buoni rapporti con gli altri; se invece cadono o vengono tagliati, perdite sia materiali sia affettive e sottomissione. I capelli bianchi segnalano stanchezza e mancanza di denaro.

CAPPELLO: sognare un cappello nuovo è augurio di fortuna, allegria e riconoscimenti; se usato, danni fisici e morali.

CAPPOTTO: sognare di indossarlo è segno che si riceveranno cattive notizie e che ci sono alcuni pericoli in agguato.

CAPRA: sognare di tenere ferma una capra per le corna indica trionfo; se la capra riesce a liberarsi, il consiglio è di tenersi lontani dai nemici. Sognare un gregge di capre è segno di povertà.

CAPRIFOGLIO: indica affetto e può preannunciare matrimonio.

CARABINIERE: questo sogno avverte di prestare maggiore attenzione alle leggi o alla propria coscienza.

CARAMELLA: questo sogno può presagire insoddisfazioni e amarezza.

CARBONE: se si sogna del carbone acceso è segno di successo; se spento, difficoltà nel recuperare del denaro. Sognare una miniera di carbone può annunciare l'arrivo di un'eredità o un matrimonio con una vedova o un vedovo facoltosi.

CARCERE: sognare di essere detenuti può indicare qualcuno o qualcosa che ci limita nelle nostre azioni e preannunciare quindi un pericolo; può indicare anche restrizioni, isolamento e chiusura verso gli altri. Sognare di uscire da un carcere indica sicuro trionfo su tutte le difficoltà.

CARCIOFO: questo sogno può indicare litigi causati dal proprio carattere scontroso che inizialmente potrebbe intralciare un progetto.

CARNE: sognare carne può avere significati positivi o negativi. Sognare di mangiarne può essere segno del superamento di ansie e problemi di salute. Se però nel sogno ci disgusta, malattia. Può anche indicare forte desiderio sessuale. Respingerla indica il contrario.

CARNEVALE: sognare di partecipare al carnevale è indizio di successi, ma se nel sogno ci si ubriaca, si annuncia un periodo di crisi interiore e danni nell'ambito degli interessi personali. Sognare un ballo di carnevale avverte di fare più attenzione alle spese.

CAROTA: sognare di seminare carote può presagire una richiesta di denaro che difficilmente ci verrà restituito. Se invece si sogna di raccoglierle, avremo bisogno di un prestito per far fronte a una brutta situazione.

CARRO: sognare un carro può preannunciare futuri guadagni e successi.

CARROZZA: sognare di viaggiare in carrozza presagisce ricchezza in arrivo e la realizzazione dei propri desideri.

CARTA: questo sogno indica desiderio di comunicare. Sognare di scrivere su della carta anticipa un periodo ricco di preoccupazioni. Sognare di tagliare della carta preannuncia possibili riappacificazioni. Carta colorata preannuncia allegria; straccia, accettazione di rapporti non desiderati.

CARTE DA GIOCO: sognare di giocare a carte indica delusioni, seccature e difficoltà economiche. Sognare di giocare in compagnia di amici potrebbe anche indicare che nella realtà è meglio evitare di fare affari con i propri amici.

CASA: sognare una casa può avere moltissime interpretazioni a seconda degli elementi che la compongono e può indicare la personalità di chi la sogna. In generale sognare una casa presagisce gioia, ma ad esempio vederla crollare può indicare stanchezza e crollo dei propri ideali e quindi può annunciare litigi e perdite materiali o di altro tipo. Sognare una casa in costruzione indica invece nuovi progetti. Sognare la casa della propria infanzia richiama situazioni in cui si sente la necessità di essere protetti. Case con pareti lisce, nei sogni rappresentano uomini; provviste di balconi e davanzali, donne.

CASCATA: presagio di matrimonio felice e benessere.

CASSA: se piena indica povertà; se vuota, avarizia e desiderio ossessivo di aumentare le proprie ricchezze.

CASSAFORTE: sognare una cassaforte può preannunciare un furto.

CASSETTO: indica un miglioramento, ma sognare di aprire un cassetto e di trovarlo vuoto preannuncia inconvenienti passeggeri.

CASTAGNE: sognare di mangiare castagne è un segnale di buona riuscita negli affari; se sono arrostite, però, è possibile una perdita di denaro.

CASTELLO: il castello rappresenta la propria intimità, con i suoi luoghi inaccessibili ma anche con i suoi sogni e desideri. Vedere un castello in sogno indica determinazione nel realizzare i propri propositi. Sognare di abitare in un castello indica sicurezza e buoni risultati. Anche un castello bianco è di buon auspicio. Negativo invece vederne in sogno le rovine: mancata realizzazione di desideri e progetti e crollo delle proprie certezze. Se il castello ha un ponte levatoio chiuso, situazioni inaccessibili, mentre se è sollevato, facilitazioni.

CASTRAZIONE: sognare la castrazione può segnalare un grave lutto o un'ingiustizia.

CATENA: sognare di essere incatenati presagisce dolore, dissapori e affari che non vanno a buon fine. Sognare di spezzare le catene indica benessere e prosperità ottenuti con molta fatica.

CAVALIERE: sognare di essere un cavaliere o vedere in sogno un cavaliere preannuncia successo e felicità. Meglio se cavalca un cavallo bianco.

CAVALLETTA: considerate per tradizione apportatrici di distruzione, le cavallette nei sogni avvertono di fare attenzione nel campo degli affari perché si potrebbe anche correre il rischio di un fallimento a causa della propria indecisione o per il verificarsi di problemi e fastidi.

CAVALLO: è un simbolo presente nei miti e nelle leggende più antichi. Rappresenta la forza e l'energia vitale. Sognare un cavallo può indicare prossime nozze e soddisfazioni finanziarie. Se il cavallo è bianco indica guadagni e anche energia spirituale; se nero indica erotismo. Se si sogna un cavallo che sta gareggiando è segno di buona fortuna; se nitrisce può preannunciare l'aiuto da parte di un amico. Sognare un cavallo alato indica allontanamento dagli aspetti materiali della vita; se lo si sogna imbizzarrito, angoscia e difficoltà a gestire le emozioni. Sognare una cavalla può indicare il buon carattere del partner e può far presagire una nascita.

CAVERNA: questo sogno indica i rapporti con se stessi e con gli altri. Sognare una caverna può preannunciare problemi e rappresentare anche la necessità di rielaborare il passato.

CECI: i ceci in sogno possono preannunciare liti tra familiari.

CECITÀ: questo sogno consiglia di non fidarsi, ma può anche indicare l'incapacità o la volontà di non vedere certi aspetti propri o altrui.

CENERE: è un sogno di cattivo auspicio. Può segnalare un lutto improvviso o la malattia di una persona che ci è vicina.

CERA: la cera bianca indica una riunione di famiglia a causa di un matrimonio o di un battesimo; se è scura, una separazione. Sognare della cera può anche segnalare l'arrivo di un'eredità.

CERCHIO: è un sogno positivo che indica equilibrio e realizzazione.

CERVO: il cervo in sogno indica prosperità negli affari, ma se lo si sogna che fugge o se nel sogno lo si uccide, sfortuna soprattutto in amore.

CESTO: il cesto è simbolo di amore e fecondità; se è vuoto preannuncia un periodo di solitudine e tristezza.

CETRIOLO: vedere cetrioli in sogno è indice di cattiva salute.

CHIAVE: sognare di trovare una chiave o che qualcuno ci porge una chiave indica desideri che si realizzano e successo. Sognare un mazzo di chiavi può anche presagire innamoramento o un matrimonio. Perdere una chiave o non riuscire a trovarla è indizio di dispiaceri e confusione.

CHIESA: trovarsi in sogno in una chiesa annuncia la realizzazione dei propri desideri, buona riuscita negli affari, nello studio e in amore, grazie anche all'aiuto e alla protezione ricevuta.

CHIODI: sognare chiodi è presagio di un momento difficile e anche di pettegolezzi. Sognare di ferirsi, mangiarli o di camminare sui chiodi indica grosse difficoltà e dolore. Sognare di piantarli indica la presenza di qualcuno che ci disprezza e la necessità di imporsi.

CIABATTE: se si sogna di infilarsi un paio di ciabatte si preannuncia un periodo faticoso; sognare di togliersele, riposo.

CIBO: sognare del cibo è di buon auspicio sotto vari aspetti e può portare a soddisfacimento morale e materiale. Se abbondante presagisce ricchezza, forse anche una vincita, mentre se è scarso qualche difficoltà.

CICOGNA: se si sogna una cicogna che vola è meglio fare attenzione ai movimenti delle persone che non ci sono amiche. Se si sogna una cicogna sulla cima di un campanile, più attenzione sul lavoro.

CIELO: il cielo è simbolo dello spirito fin dai tempi più antichi. Sognare un cielo sereno indica la realizzazione di vecchi desideri, benessere e felicità. Nuvoloso è segno di malinconia, tristezza e insoddisfazione.

CIGNO: il cigno è simbolo di desideri anche sessuali e di bellezza. Un cigno bianco in sogno preannuncia salute e appagamento; se nero, dispiaceri familiari. Sentirlo cantare preannuncia cambiamenti e può presagire anche una morte.

CILIEGIA: ciliegie mature presagiscono un periodo alquanto sereno durante il quale le nostre fatiche otterranno esito positivo; se le si sogna ancora non mature, disillusioni.

CIMICE: indica che ci si troverà immischiati in una situazione imbarazzante che sarà causa di dispiaceri.

CIMITERO: guardare in sogno un cimitero dall'esterno può indicare pace. Sognare di trovarsi al suo interno, invece, qualcosa che sta per finire o che si è già concluso ma con cui ancora sentiamo un legame. Questo sogno può anche indicare situazioni dolorose dalle quali non si ha però il coraggio di distaccarsi.

CINEMA: sognare di vedere un film al cinema può indicare persone non sincere che possono causarci imbarazzo.

CINESE: sognare un cinese può preannunciare un viaggio molto piacevole; se si sognano più cinesi, i nostri affari potrebbero rivelarsi un disastro e si consiglia di fare attenzione agli imprevisti. Sognare di fare affari con un cinese indica guadagni e prestigio.

CINGHIALE: sognare un cinghiale preannuncia che riusciremo ad uscire indenni dalle avversità. Questo sogno avverte che un nemico ci potrebbe procurare delle noie, accusandoci di qualcosa.

CINTA: avverte che bisogna tenere d'occhio gli amici. Togliersela significa che si avranno molte disillusioni. Se appare stretta indica legame duraturo; se lenta, relazione passeggera.

CIOCCOLATO: sognare di mangiare cioccolato è indice di buona salute, tranquillità e soddisfazione in famiglia.

CIPOLLA: indica discussioni e contrarietà con le persone vicine.

CIPRESSO: è simbolo di melanconia. Sognare un cipresso è un presagio infausto, ma se si trova in un cimitero indica fedeltà.

CIRCO: questo sogno consiglia di fare attenzione agli imbrogli e di armarsi di pazienza per riuscire a superare le avversità.

CITTÀ: sognare una cittadina preannuncia qualche problema economico; una grande città, invece, guadagni e felicità. Se si tratta di una città pulita e accogliente, risvolti positivi nella vita; se sporca e inospitale, difficoltà.

CIVETTA: nell'antichità la civetta simboleggiava la sapienza e l'intuizione. Sognarla può annunciare una perdita che potrebbe riguardare denaro o il proprio impiego. Può anche indicare un comportamento frivolo, nostro o altrui.

COCCINELLA: nella tradizione popolare le coccinelle sono considerate portafortuna. Vedere una coccinella volare in sogno presagisce felicità e una vita vissuta pienamente.

COCCODRILLO: presagisce il tradimento di un amico.

CODA: questo sogno consiglia di cercare di orientarci meglio nella vita.

COLLANA: sognare una collana è di ottimo auspicio; significa che si farà molta strada nell'ambito del lavoro.

COLLEGIO: sognarlo indica amici pronti ad aiutarci e presagisce buone notizie.

COLOMBA: simbolo di pace fin dall'antichità, la colomba nei sogni assicura piaceri, felicità e benessere fisico e psichico. Se la si sogna nel nido potrebbe preannunciare un prossimo matrimonio. Posata sulla mano, presagisce il godimento di grandi benefici. Sentirla tubare può preannunciare un prossimo innamoramento.

COLORI: il bianco indica armonia, pace e vitalità; il nero, tristezza e melanconia, lutto; l'azzurro, allegria e soddisfazioni; il rosa, amore e sentimenti nobili; il rosso, rabbia, passione; il giallo acceso, allegria, realizzazione; il giallo chiaro, insidie; il verde, desideri che si vogliono realizzare, rinnovamento; il viola, malinconia, amore non corrisposto; il grigio, rassegnazione e tristezza; il marrone lutto.

COLTELLO: il coltello è simbolo sessuale di aggressività e anche di separazione. Questo sogno può indicare la fine di un'amicizia e dolori familiari. Avverte di essere prudenti. Sognare di venire accoltellati indica che si potrebbe essere oggetto di progetti che potrebbero risultare negativi per noi.

CONCERTO: sognare di assistere a un concerto indica felicità, piaceri e buona salute.

CONCHIGLIA: sognare una conchiglia può preannunciare l'arrivo di un buon lavoro o di un nuovo amore, ma se aperta può indicare paura di fallire. Sognare una conchiglia rotta può indicare una gravidanza non andata a buon fine o la rottura di una storia d'amore.

CONFETTO: sognare di mangiare confetti avverte che bisogna fare più attenzione alla propria salute. Se si ricevono, una visita gradita, forse dalla propria anima gemella

CONIGLIO: indica un atteggiamento di paura di fronte alle situazioni. Bianco è di buon auspicio; nero, passività.

CONTADINO: indica prosperità ma anche una certa avarizia.

CONVENTO: sognare di trovarsi in un convento è augurio di pace e di serenità. Si gode dell'affetto degli amici.

COPPA: preannuncia la fine di alcune difficoltà, anche se non si deve perdere d'occhio la fedeltà di chi ci è intorno.

CORALLO: il corallo è simbolo di equilibrio; questo sogno consiglia di stare attenti alle apparenze.

CORDA: indica un periodo piuttosto sfortunato, anche per gli affari. Una corda in buono stato è simbolo di buona salute e di lunga vita; sfilacciata o rotta, di potere e riconoscimenti. Rompere una corda in sogno può indicare problemi in famiglia.

CORNACCHIA: la cornacchia nei sogni presagisce per la tradizione popolare periodi sfortunati e perfino morte, probabilmente per il colore nero del suo piumaggio. Indica tutto ciò che c'è di negativo attorno a chi sogna. Sognare di uccidere una cornacchia indica quindi il superamento degli ostacoli e la buona riuscita dei propri progetti. In alcuni periodi storici questo uccello è stato anche associato alla chiaroveggenza, mentre per gli indiani d'America ha il significato positivo di guida attraverso le difficoltà.

CORONA: la corona in sogno indica successo in ogni campo ma anche bisogno di protezione.

CORRERE: rincorrere qualcuno in sogno preannuncia buoni risultati negli affari. In una gara, invece, buona salute. Sognare di essere inseguiti e di non riuscire a correre o correre molto lentamente, indica un momento carico di ansia e angoscia.

CORRIDOIO: questo sogno indica buone probabilità di realizzazione di un progetto, ma se si vaga senza trovare l'uscita, può segnalare il blocco di una situazione che può portare a sofferenza e angoscia. Sognare un corridoio buio e tortuoso può anche indicare disturbi all'apparato digerente.

CORTILE: annuncia una visita gradita. Se è molto grande indica prosperità e una vita coniugale prolifica. Se si tratta del cortile di un carcere può preannunciare una perdita di denaro.

CORVO: come la cornacchia, anche il corvo nei sogni presagisce periodi sfortunati e perfino morte. Indica tutto ciò che c'è di negativo attorno a chi sogna. Sognare di ucciderne uno indica il superamento degli ostacoli e la buona riuscita dei propri progetti.

COSTRUIRE: questo sogno preannuncia novità. Consiglia di fare attenzione agli imprevisti.

CRAVATTA: sognare di mettersi la cravatta è annuncio di malattia o di debiti.

CRISTALLO: sognare bicchieri, coppe, vasi o altri oggetti di cristallo, indica amore e nuove amicizie sincere.

CROCE: sognare una croce annuncia la prossima guarigione da una malattia o la soluzione di alcuni problemi. Se a sognarla è un giovane, può indicare matrimonio vicino.

CROCIFISSO: può presagire la partenza di un parente.

CUCINA/CUCINARE: la cucina è simbolo degli affetti familiari e della realizzazione dei propri progetti. Sognare di cucinare può indicare progetti avviati. Piatti ben riusciti indicano obiettivi raggiunti e soddisfazione. Se nel sogno non si riesce a cucinare o se i cibi non risultano cotti bene, difficoltà forse a causa di poca autostima. Sognare di cucinare insieme a qualcun altro indica il rapporto di coppia.

CUCIRE: indica un periodo poco fortunato.

CULLA: sognare un neonato dentro alla culla è augurio di matrimonio e di una famiglia numerosa. Vuota può preannunciare difficoltà.

CUORE: questo sogno può presagire rinunce e indica bontà d'animo.

D

DADI: sognare di giocare a dadi segnala chiacchiere e consiglia di essere prudenti. Veder giocare ai dadi è invece presagio di allegria grazie ai risultati positivi raggiunti da una persona cara. Questo sogno può anche presagire una vincita.

DAINO: catturare un daino è indizio di buona riuscita nei propri propositi. Vederlo correre assicura una vita tranquilla e felice.

DAMA: questo sogno mette in guardia dalle chiacchiere e da complimenti non sinceri.

DANZA: la danza è simbolo di armonia e in sogno preannuncia un periodo fortunato. Potremmo anche fare la conoscenza di una persona con la quale stabilire una buona amicizia.

DEBITO: indica che presto riceveremo la notizia di un beneficio piuttosto consistente che ci rasserenerà.

DECAPITAZIONE: vedersi decapitati in sogno indica la paura di essere impotenti e il bisogno di rivedere alcuni propri atteggiamenti; sognare di veder decapitare un conoscente, desiderio che questa persona cambi.

DEFUNTO: sognare un proprio caro defunto può indicare il desiderio di averlo ancora accanto. Può presagire anche l'arrivo di una notizia. Sognare di seguirlo può preannunciare che un proprio desiderio potrà avverarsi. In alcuni sogni i defunti sono messaggeri di notizie riguardanti eventi futuri.

DELFINO: il delfino indica apertura, generosità e intelligenza. Sognare un delfino indica il desiderio di nuovi obiettivi e preannuncia novità.

DENARO: sognare di trovare o perdere denaro può indicare guadagni o promozioni nel proprio lavoro dopo un periodo difficile. Regalarlo, promesse non mantenute.

DENTI: i denti simboleggiano la nostra energia e il nostro stato d'animo. Fin dall'antichità sono stati associati alla morte di persone care: gli incisivi a persone giovani, i premolari a persone di mezz'età, i molari a persone anziane. Sono anche associati alla propria immagine. Sognare di perdere denti potrebbe presagire disgrazie in famiglia, rinunce, perdite o, in caso di denti cariati, il bisogno di liberarsi di qualcosa di negativo. Perdere i canini in sogno può indicare rinuncia all'aggressività. Denti falsi indicano falsità o insicurezza.

DENTISTA: sognare il dentista al lavoro può significare falsità, anche in campo sentimentale.

DESERTO: il deserto rappresenta introspezione e fragilità. Sognare di camminare in un deserto è presagio di un momento di solitudine affettiva e di aridità di sentimenti in cui si possono verificare disgrazie e dolore. Tuttavia, se si sognano delle orme, con un po' di forza di volontà si troverà la strada per superare gli ostacoli e rendere questo momento l'occasione buona per conoscere meglio se stessi.

DIAMANTE: i diamanti erano considerati dagli antichi Greci e Romani le lacrime degli dei. Sognare un diamante indica serenità, coraggio di affrontare le difficoltà e di scoprire verità.

DIAVOLO: simboleggia le parti che non amiamo di noi. Questo sogno consiglia di non essere troppo intransigenti con se stessi e di accettare i propri difetti.

DIGA: questo sogno può rappresentare il bisogno di regolarità e di contenere i propri istinti per non correre pericoli. Può indicare anche ostacoli che impediscono la realizzazione dei propri progetti e dei propri ideali.

DILUVIO: sognare un diluvio indica contrarietà e disgrazie familiari, nonché perdite economiche. Il consiglio è quello di riflettere sugli errori del passato per riacquistare nuove energie.

DIO: chiedere aiuto a Dio in sogno indica bisogno di conforto e consolazione.

DIPINGERE: sognare di dipingere un quadro preannuncia nuove amicizie, soddisfazioni e aiuto da una persona che pretenderà poi di essere ricompensata. Sognare di vedere qualcuno dipingere può prevedere un incontro fortunato.

DISCESA: scendere da un luogo più o meno elevato indica possibilità di rischio, perdite e sfortuna in generale. Questo sogno consiglia di ridimensionare le proprie aspettative.

DISEGNO: sognare un disegno simboleggia amore e affinità artistica. Sognare un pittore è di buon auspicio.

DISORDINE: questo sogno indica desiderio di maggiore libertà e può preannunciare motivi d'amarezza in arrivo e cambiamenti.

DIVORZIO: questo sogno è indizio di qualche sorpresa nell'ambito familiare. Può indicare gelosie che andrebbero contenute. Se a sognare è una donna, sognare un divorzio indica preoccupazione a causa di problemi economici.

DOLCE: sognare di mangiare un dolce è indizio di amarezza e bisogno di una vita più appagante. Regalare dei dolci in sogno significa avere amici pronti ad aiutarci. Ricevere dei dolci in sogno annuncia una buona notizia.

DONNA: secondo la tradizione, se si sogna una donna mora, dispiaceri; bionda, allegria; rossa, chiacchiere e malvagità. Se la si sogna nuda, cattive notizie; con un bambino, felicità; se anziana, dispiaceri e preoccupazioni. Sognare una donna incinta porta benessere a chi si trova in ristrettezze ma sofferenze a chi ha buone possibilità economiche.

DORMIRE: sognare di dormire nel proprio letto indica stanchezza e consiglia di essere meno pigri e di riflettere sulle situazioni di stress che si verificano nella quotidianità. Se si sogna di dormire su di un prato, possibile viaggio.

DRAGO: sognare un drago indica che un amico più fortunato di noi è disposto ad aiutarci senza pretendere nulla in cambio. Sognare di venire inghiottiti da un drago può preannunciare un breve malanno. Affrontare e sconfiggere un drago indica volontà ad affrontare problemi e avversità.

DOTTORE: sognare un dottore può segnalare un fatto grave che può alterare l'andamento della propria vita quotidiana, ma se nel sogno il dottore è chi sogna, il presagio è favorevole.

DUELLO: questo sogno indica lotte interiori e può presagire litigi fra parenti.

E

ECLISSI: un'eclissi in sogno preannuncia un periodo oscuro e confuso.

EDERA: sognare edera è un presagio favorevole; affetti e amicizie durature.

ELEFANTE: è simbolo di forza e sicurezza. Sognare di salire sul dorso di un elefante indica che la nostra fatica e i nostri sforzi saranno ricompensati. Sognare un branco di elefanti può preannunciare festeggiamenti.

ELEMOSINA: se si sogna di chiedere l'elemosina si preannuncia un andamento negativo negli affari; farla è invece segnale positivo e indica generosità. Sognare qualcuno che chiede l'elemosina potrebbe presagisce che un amico avrà presto bisogno di noi. Negare l'elemosina in sogno presagisce miseria.

EMICRANIA: sognare di avere l'emicrania annuncia dolori e malattie.

ERBA: sognare un prato verde preannuncia grande creatività e dolcezza, mentre erba secca la possibilità di ammalarsi e periodo negativo per gli affetti.

EREDITÀ: sognare un'eredità presagisce perdita di denaro e contrarietà.

EROTISMO: un sogno erotico può indicare il bisogno di mostrare le proprie capacità, non solo sessuali, oppure il desiderio di avvicinarsi a qualcuno che ci sembra inaccessibile.

ESAME: sognare un esame può indicare la sensazione di non essere all'altezza delle situazioni o di essere messi sotto pressione da qualcuno. Consiglia di impegnarci più a fondo.

ESERCITO: sognare un esercito presagisce notizie preoccupanti o, se si sogna che l'esercito sconfigge l'avversario, notizie che verranno rese pubbliche.

ESILIO: indica buona riuscita in ogni campo.

ESTRANEO: è un presagio positivo per gli affari e per gli incontri.

F

FABBRICA: sognarne una piena di persone al lavoro significa che presto i nostri progetti si realizzeranno. Se invece la fabbrica è vuota, questo sogno consiglia di comportarci meglio sul lavoro.

FAGIANO: un fagiano in sogno annuncia buona salute e riconoscimenti.

FALCE/FALCIARE: sognare una falce consiglia maggior riflessione sulla nostra situazione e la necessità di prendere una decisione. Sognare di falciare può preannunciare un lavoro che tra breve frutterà buoni guadagni.

FALCO: è simbolo di potenza. Sognare di uccidere un falco è presagio di buoni affari e successo.

FAME: sognare di aver fame e di riuscire a soddisfarla è segnale positivo che può preannunciare una relazione sentimentale.

FAMIGLIA: sognare la propria famiglia riunita è indizio di stabilità. Sognare i propri genitori in collera può presagire la rivalsa di qualcuno che abbiamo offeso.

FANGO: il fango presagisce la perdita di ciò a cui teniamo maggiormente e avverte che potremmo essere oggetto di calunnie e fastidi di varia natura, forse anche cause giudiziarie.

FANTASMA: sognare un fantasma indica il desiderio di realizzare un proprio sogno e di liberarsi di paure e pensieri tormentati.

FARFALLA: la farfalla simboleggia la leggerezza ma anche trasformazione e può preannunciare un buon periodo. Se si sogna una farfalla nera o una falena, problemi e notizie che potrebbero riguardare gli amici.

FARINA: la farina è segno d'abbondanza e di buoni affari.

FARO: è un segnale dal significato sia negativo sia positivo: vedere un faro in lontananza consiglia di guardarsi dai propri nemici; trovarsi all'interno della torre di un faro è segno di buone opportunità nel campo degli affari.

FATA: indica creatività. Sognare una fata può avvertire che presto conosceremo una persona importante su cui non dobbiamo però fare progetti troppo ambiziosi.

FATTORIA: sognare di vivere in una fattoria indica prosperità nell'ambito del lavoro.

FAVE: mangiare fave in sogno è di cattivo auspicio: è possibile un coinvolgimento in liti, accuse e dissapori. Sognare fave può anche annunciare la nascita di un figlio maschio.

FAZZOLETTO: in sogno il fazzoletto preannuncia visite. Se si sogna di perdere il fazzoletto, guadagni imprevisti. Può anche preannunciare un parto gemellare o un matrimonio.

FEBBRE: sognare di avere la febbre è presagio di discussioni e disillusioni.

FECI: sono un segno favorevole di cambiamento che indica denaro, prosperità, riconoscimenti, felicità in amore e salute. Sognare di aver bisogno di andare in bagno ma non trovarlo o trovarlo occupato, indica la difficoltà di liberarci da forti emozioni quali ad esempio la rabbia e la paura, oppure da situazioni e rapporti ormai esauriti.

FERITA: sognare una ferita non è di buon auspicio: sognare di essere feriti è annuncio di malattia o di una situazione pericolosa; ferire annuncia che potremmo deludere qualcuno.

FERRO: simboleggia l'affetto familiare. Se si sogna del ferro lavorato si prospettano anche buoni risultati negli affari. Sognare di trovare un ferro di cavallo è segno di buona fortuna e nuove amicizie. Può anche annunciare un lungo viaggio.

FERROVIA: preannuncia desideri destinati a realizzarsi. Un deragliamento indica ostacoli e progetti che forse non andranno a buon fine.

FESTA: sognare di trovarsi a una festa indica che si teme di essere oggetto di chiacchiere e maldicenze, ma annuncia anche gioia e felicità.

FINESTRA: sognare una finestra aperta può indicare nuove prospettive e interessi; chiusa, determinazione ma anche rifiuto del nuovo; guardare da una finestra, poco coinvolgimento nelle situazioni.

FICO: sognare di mangiare dei fichi indica amore sincero e felicità. Secchi segnalano contrarietà e litigi.

FIENO: se si sogna del fieno fresco si preannunciano denaro e buoni esiti; secco invece indica la perdita di qualcuno che si stima molto; se si sognano balle di fieno, riconoscimenti insperati.

FIGLIO: sognare il proprio figlio può annunciare difficoltà. Sognare di parlargli può annunciare perdite e malattia. Sognare figli degli altri invece indica tranquillità.

FILO: è indice di desiderio di uscire da una fase critica. Generalmente annuncia disavventure e intrighi. Se il filo che si sogna è ingarbugliato o si spezza, difficoltà e dispiaceri.

FIORI: nei sogni i fiori sono collegati all'affettività. Sognare fiori in boccio indica progetti in via di realizzazione e nuove idee che stanno per concretizzarsi. Se belli e profumati sono di buon auspicio e possono annunciare un prossimo amore; appassiti, delusioni e contrarietà; fiori di carta o artificiali possono preannunciare una grossa delusione per qualcosa che si è esaurito. Sognare di annusare fiori annuncia l'arrivo di buone notizie. Sognare di raccoglierne un mazzo può annunciare problemi finanziari; riceverne un mazzo in dono, periodo di tranquillità forse non molto lungo. Fiori rossi presagiscono passione; bianchi o rosa, amicizia e affetto.

FISCHIARE: indica chiacchiere e calunnie.

FIUME: il fiume rappresenta la vita con i suoi ostacoli. Navigare un fiume calmo indica progressi e fortuna. Se il fiume in sogno straripa, è presente una situazione pericolosa. Sognare di raggiungere la riva opposta è segno di soddisfazioni. Se non si riesce a raggiungerla, ostacoli di varia natura.

FLAUTO: indica l'arrivo di notizie ma anche pettegolezzi.

FOCA: questo sogno indica volontà di esprimersi e può presagire cambiamento.

FOGLIA: vedere in sogno delle foglie è di ottimo auspicio. Vederle spuntare è presagio di gioia e forse anche di una prossima nascita. Se però si tratta di foglie appassite potrebbero esserci problemi di salute che ci allontanano dagli altri.

FOLLA: sognare molte persone significa che il periodo che si sta attraversando è piuttosto difficile e che solo con costanza e con un intenso lavoro si troverà la forza per superarlo.

FONTANA: è un ottimo presagio, soprattutto per la realizzazione dei propri progetti. Se l'acqua è chiara indica felicità, piaceri e lunga vita; se invece l'acqua è sporca o la fontana è in secca, fallimento e ostacoli.

FORBICI: le forbici sono annuncio di discordia con familiari e amici. Tagliare qualcosa con le forbici è segno di chiacchiere.

FORCA: è un ottimo presagio. Tutto è destinato ad andare per il meglio: denaro, amore, salute e affari.

FORMAGGIO: è un segnale negativo che indica contrarietà.

FORMICA: le formiche simboleggiano abbondanza e produttività, ma anche tensione e nervosismo per una certa situazione. Questo sogno consiglia impegno e concentrazione.

FORTUNA: sognare di avere fortuna indica affari rischiosi e spese ingenti.

FOSSO: sognare un fosso indica che qualcuno sta cercando di ingannarci. Saltarlo è un avvertimento di grave pericolo; riempirlo di terra può presagire l'improvvisa perdita del lavoro o di una grossa somma di denaro. Scavarne uno, invece, preannuncia guadagni.

FRAGOLA: è un ottimo presagio che assicura buona fortuna.

FRATELLO: simboleggia allegria, longevità e successo. Sognare di avere un buon rapporto con un proprio fratello è segno d'amore, appoggio e comprensione ma nel momento attuale può segnalare anche qualche situazione di cui non si è soddisfatti.

FREDDO: è indizio che presto si farà la conoscenza di qualcuno o che si riceveranno notizie da un vecchio amico.

FRIGGERE: questo sogno indica che una o più donne potrebbero complicarci la vita. Mangiare del fritto avverte di fare attenzione ai propri beni.

FRUTTA: sognare frutta matura indica una vita piena di gratificazioni e successo; se la frutta è marcia invece che vorremmo cambiare qualcosa in noi e preannuncia perdite. Frutta fresca, periodo fertile; acerba, incertezza. Questo sogno può anche indicare desiderio di svago.

FRUSTA: in sogno la frusta può indicare un legame che non funziona e la sensazione di essere trascinati.

FUCILE: un colpo di fucile in sogno può preannunciare dispiaceri e litigi piuttosto accesi. Mirare a un bersaglio e colpirlo, realizzazione dei propri progetti.

FULIGGINE: sognare di esserne sporchi indica benessere, tranquillità e guadagni.

FULMINE: essere colpiti da un fulmine era considerato nell'antichità un segno divino che colpiva soltanto i prescelti. Sognare un fulmine seguito da un tuono o sognare di esserne colpiti è di buon auspicio per i propri progetti.

FUMARE: fumare è un simbolo di origine sessuale. Sognare di fumare ma non essere fumatori indica pericoli e cattiva salute. Se chi sogna invece è un fumatore, può preannunciare successo ma può anche presagire una perdita di beni personali.

FUMO: in sogno il fumo è indizio di falso benessere. Più il fumo è nero, più le nostre aspettative saranno destinate a deluderci.

FUNERALE: sognare un funerale indica che la strada che si è intrapresa è quella giusta. Se in sogno si assiste al proprio funerale, bisogno di rinvigorirsi e di dare un taglio netto a situazioni o relazioni ormai logore. Questo sogno preannuncia una crisi interiore che porterà a grandi cambiamenti e nuovi progetti.

FUNGO: sognare di raccogliere funghi presagisce ostacoli nella vita quotidiana. Cotti, invece, indicano la soluzione dei problemi attuali e longevità.

FUOCO: il fuoco è simbolo di calore ma anche di passione e aggressività. Sognare un fuoco acceso è segno di felicità e di sorprese piacevoli. Se si tratta di un incendio o se il fuoco è spento, gravi difficoltà e sentimenti di rabbia repressa. Se il fuoco si accende all'improvviso, litigi e forti emozioni.

G

GABBIA: è un simbolo di prigionia, ma se contiene uccelli che cinguettano è probabile che usciremo indenni da una situazione pericolosa o da grossi guai.

GABBIANO: simboleggia la libertà e l'adattabilità e potrebbe annunciare un bel viaggio. Potrebbe anche preannunciare la perdita di qualcosa.

GABINETTO: questo sogno indica ciò che si deve lasciare andare del passato e delle situazioni che si stanno vivendo. Può indicare un rapporto ormai logoro. Sognare di aver bisogno del gabinetto ma non trovarlo o trovarlo occupato, indica la difficoltà di liberarci da forti emozioni quali ad esempio la rabbia e la paura, oppure da situazioni e rapporti ormai esauriti.

GALLINA: sentire in sogno una gallina chiocciare è segnale di discordia in famiglia e di mancanza di fantasia. Se sta covando o ha dei pulcini, preannuncia fortuna e una vita familiare serena.

GALLO: sentire in sogno un gallo cantare o vederlo razzolare è augurio di successo sia in amore sia negli affari. Sognare di mangiarlo indica che i problemi attuali si risolveranno presto.

GAMBE: sognare gambe forti e in movimento è preannuncio di un bel viaggio, di novità e di equilibrio; gonfie, rotte o ferite, invece, problemi e difficoltà in arrivo.

GAROFANO: bianco annuncia aiuto insperato. Giallo, invidie da parte degli amici. Rosso indica una predisposizione d'animo alla passione e alla sensualità. Sognare un intero mazzo di garofani può preannunciare un matrimonio.

GATTO: il gatto è un antico simbolo presente già nell'Antico Egitto, dove era addirittura considerato sacro. Secondo alcune culture, sognare un gatto nero è di cattivo auspicio e indica infedeltà e cattiveria. Spesso il gatto è stato associato a malefici e incantesimi. Secondo altre culture, invece, il gatto nero è addirittura di buon auspicio. Bianco, soprattutto se d'angora, o siamese, è considerato segno di buona fortuna. Sentirlo miagolare in sogno può avvertire di fare attenzione a possibili tradimenti di persone vicine. Può rappresentare l'istinto e quindi indicare in sogno il bisogno di mostrarsi.

GAZZA: nei sogni la gazza avverte di possibili rapine e che potremmo perdere qualcuno o qualcosa di grande valore.

GELATO: mangiarlo preannuncia fastidi, freddezza sentimentale e amarezza.

GELOSIA: provare gelosia in sogno indica forti sentimenti anche non manifesti nella vita reale. Inoltre può anche indicare una bassa autostima e un'insicurezza che creano senso di timore. Questo sogno consiglia di prestare più attenzione all'andamento delle proprie relazioni e ai propri sentimenti nei confronti degli altri.

GELSOMINO: questo fiore rappresenta amore e felicità. Inoltre può essere annuncio di un'amicizia duratura.

GEMELLI: questo sogno fa presagire inganni e malizia ma in generale un futuro fortunato.

GENITORI: sognare i propri genitori in salute assicura longevità. Se si sogna di perderli, i problemi si risolveranno, anche grazie a un distacco ormai necessario. Sognare di uccidere i propri genitori preannuncia fallimenti.

GERANI: indicano una persona sciocca che potrebbe finire nei guai.

GESÙ: questo sogno consiglia di analizzare i propri bisogni effettivi.

GHIACCIO: il ghiaccio rappresenta un'evoluzione positiva, quale una buona riuscita in campo artistico oppure un buon raccolto.

GHIRLANDA: una ghirlanda di fiori freschi in sogno segnala festeggiamenti e buone notizie. Se di foglie verdi, fama e successo. Se dorata o con delle bacche può preannunciare anche un matrimonio.

GIACINTO: questo fiore in sogno simboleggia amicizia.

GIARDINO: in sogno il giardino rappresenta la vita con i suoi ideali. Sognare di passeggiare in un bel giardino è segno di allegria, benessere e ottimi risultati negli affari, forse anche di una nascita. Coltivarlo preannuncia aumento di fortuna e nuovi progetti; se si tratta di un giardino incolto o arido, tristezza e rapporti superficiali.

GIGANTE: sogno assai favorevole sotto tutti gli aspetti.

GILÉ: avverte che è meglio evitare gli sprechi inutili per non ritrovarsi più tardi in rovina.

GIOCATTOLI: i giocattoli in sogno rappresentano il desiderio di ottenere riconoscimento e calore. Questo sogno può preannunciare felicità, ma anche la possibilità di guai in famiglia.

GIOCO D'AZZARDO: sognare di vincere al gioco d'azzardo indica perdite, anche di denaro. Sognare di perdere, invece, preannuncia benessere e piacere.

GIOIELLI: vedere dei gioielli in sogno o sognare di indossarli può preannunciare fortuna e regali, mentre sognare di riceverli in dono indica avarizia e amici sleali. Questo sogno consiglia di prendere precauzioni per evitare guai e furti.

GIOVINEZZA: è sintomo di serenità. Se il sognatore ha una certa età e si sogna giovane, è segno di allegria, prosperità e novità.

GIRAFFA: in sogno la giraffa indica poco coinvolgimento, distacco dai sentimenti, leggerezza.

GIUDICE: venir giudicati in sogno indica possibili scontri; essere giudici, preoccupazioni.

GLADIOLI: sognare gladioli preannuncia protezione da una persona che apprezziamo molto.

GNOMO: questo sogno indica allegria e vitalità, malgrado alcune persone non si siano dimostrate amiche.

GOBBA: è un sogno di buon augurio e segnala raggiungimento di benessere economico.

GOMMA DA MASTICARE: questo sogno indica pettegolezzi e maldicenze.

GONNA: in generale questo sogno indica pettegolezzi. Se si tratta di una gonna bianca assicura affetto; se di seta, malanni in famiglia. Una gonna spiegazzata consiglia di non rischiare negli affari.

GRADINI: sognare di salire dei gradini può indicare avventure amorose e possibile ascesa nel lavoro.

GRAFFIO: un graffio in sogno presagisce una delusione e segnala di fare attenzione ai debiti.

GRANCHIO: il granchio simboleggia fragilità e questo sogno può preannunciare discussioni con gli amici e poca serenità in amore. Consiglia di controllare i propri atteggiamenti per non risultare troppo aggressivi e distaccati.

GRANDINE: è presagio di cattive notizie. Sognare la grandine su un campo coltivato può preannunciare problemi finanziari.

GRANO: il grano simboleggia abbondanza e allegria. Il significato di questo sogno dipende dalla quantità di grano sognata.

GRAVIDANZA: questo sogno si collega al desiderio di maternità ma anche alla capacità di recepire e di trasmettere agli altri. Sognare una gravidanza porta generalmente benessere e prosperità, soprattutto se si hanno ristrettezze economiche, ma se a sognare è un uomo o una persona agiata, può segnalare sofferenze per sé e per il proprio partner.

GREGGE: è annuncio di notizie gradite e di prosperità. Questo sogno consiglia di raccogliere tutte le proprie energie per raggiungere un proprio grande obiettivo personale.

GREMBIULE: rappresenta il lavoro. Se a sognarlo è una casalinga indica ordine e tranquillità in famiglia; se bianco, buona riuscita nei progetti.

GRIDARE: sognare di gridare, anche se di gioia, consiglia di fare attenzione a possibili tradimenti, mancanza di salute, esperienze negative in amore e sofferenze.

GRILLO: sentire il canto dei grilli in sogno può essere segnale di allegria, ma può anche indicare maldicenze e noie.

GUANCIALE: indica poca sicurezza e pigrizia. Potrebbe preannunciare un piccolo malanno.

GUANTO: indossare guanti in sogno indica felicità e che potremmo ricevere un aiuto. Se nel sogno i guanti sono rotti e sporchi, sono possibili contrarietà e problemi con gli amici.

GUERRA: presagisce un momento ricco di tensione, ansia e mancanza di serenità. Sognare una guerra consiglia di cercare di evitare le discussioni soprattutto in famiglia e di risolvere i problemi in modo più radicale.

GUIDARE: sognare di guidare presagisce guadagni che però si faranno attendere.

GUFO: il gufo rappresenta la saggezza e per i gitani può preannunciare la nascita di un figlio. Secondo la tradizione, se in sogno lo si sente gridare, la morte di una persona conosciuta è vicina.

H

HOTEL: sognare un hotel indica un periodo di inquietudine e trambusto. Se si sogna di vagare per un hotel può indicare situazioni non durature. Questo sogno potrebbe anche preannunciare l'aiuto di una persona per risolvere alcuni nostri problemi.

I

IDOLO: questo sogno non esclude qualche difficoltà o contrarietà a causa di qualcuno.

IMMONDIZIA: Può preannunciare che presto riceveremo notizie da un amico lontano.

IMPERATORE/IMPERATRICE: questo sogno indica che si riusciranno a superare le preoccupazioni anche grazie all'aiuto di una persona importante.

IMPICCATO: questo sogno indica soddisfazioni ma anche possibilità di truffe e inganni. Sognare di impiccarsi, incapacità di risolvere i propri problemi e perdita di stima e degli affetti.

INCENDIO: un incendio in sogno può rappresentare il desiderio di liberarsi del passato. Se il fuoco avvampa improvviso, indica litigi molto accesi. Sognare una casa in fiamme può presagire una buona carriera. Una foresta, gravi problemi da affrontare.

INCENSO: può simboleggiare amore duraturo ma avverte anche di fare attenzione agli adulatori.

INCESTO: questo sogno simboleggia intralci e ambiente familiare in conflitto.

INCIDENTE: sognare di avere un incidente è un ammonimento a fare attenzione. Può simboleggiare debolezza e vigliaccheria.

INCUDINE: sognare un'incudine significa che pazienza e determinazione daranno buoni risultati.

INFERMIERE/A: sognare un infermiere o un'infermiera indica che le cose stanno andando per il meglio e avremo appoggio per i nostri progetti.

INFERNO: indica angosce e conflitti con se stessi. È necessario migliorare il proprio comportamento nei confronti delle persone che ci circondano.

INGIURIA: significa che otterremo favori e successo.

INGRASSARE: questo sogno può indicare stanchezza ma anche preannunciare un aumento inaspettato di denaro.

INSALATA: mangiare insalata in sogno preannuncia un breve periodo felice seguito da difficoltà in famiglia.

INSEGUIMENTO: sognare di essere inseguiti e di non riuscire a correre o di farlo al rallentatore, indica la paura di affrontare qualcosa o qualcuno. Sognare di essere inseguiti da un elicottero può indicare problemi incombenti.

INSETTO: sognare insetti ci avverte di ansie, gelosie, inganni anche fra parenti stretti. Questo sogno può anche preannunciare un'eredità.

INVALIDITÀ: sognare un invalido è segnale di vita gradevole e serena. Per una donna può significare un figlio in arrivo, ma anche che potrebbe essere lasciata dal fidanzato.

INVITO: può presagire un invito o un aiuto ma anche maldicenze.

IRIS: simbolo di tenerezza e amore, di sentimenti poetici e romantici. Sognare degli iris preannuncia buone notizie.

ISOLA: l'isola simboleggia lo spirito d'avventura, la facoltà di adattamento ma anche la necessità di isolarsi dagli altri. Può annunciare un viaggio. Se si tratta di un'isola deserta assicura stabilità in amicizia e buoni rapporti con le persone che ci circondano.

L

LABBRA: se si tratta di labbra rosse e belle si preannunciano infedeltà; grandi, prosperità; pallide, problemi di salute e aggressività. Se sanguinano, rabbia repressa.

LABIRINTO: sognare di trovarsi in un labirinto indica gravi difficoltà nel lavoro e negli affari. Inoltre sono possibili tradimenti in amore. Sognare di riuscire a trovare l'uscita di un labirinto preannuncia la capacità di superare ostacoli e di confrontarsi anche con persone che ci appaiono nemiche.

LACRIME: le lacrime annunciano gioia. Vedere una persona piangere significa che presto i nostri dispiaceri avranno fine.

LADRO: sognare dei ladri può annunciare qualcosa d'improvviso e imprevisto, forse il ritrovamento fortuito di qualcosa che si era perso. Sognare di fermare o far arrestare un ladro può indicare determinazione e successo per i propri progetti. Se il ladro è chi sogna si prospettano miglioramenti.

LAGO: il lago è associato al grembo materno. Sognare un lago indica chiarezza e tranquillità nelle amicizie e in amore. Nuotare in un lago indica desiderio di andare a fondo in se stessi e nelle situazioni.

LAMPADA: la lampada è un simbolo di creatività. Se la luce che emana è intensa, indica amore, chiarezza, belle novità. Se chi sogna è ammalato, sognare una lampada indica pronta guarigione. Se si tratta di una lampada spenta, dolore e abbandono; se è rotta, rottura in amore. Sognare molte lampade è di buon auspicio.

LAMPONE: sognare lamponi annuncia fortuna e novità molto positive.

LANA: sognare della lana indica riunioni di famiglia. Sognare di acquistarla preannuncia un matrimonio; venderla, malattia. Sognare di lavorare a maglia preannuncia prosperità. Sognare un gomitolo di lana può indicare difficile risoluzione di un problema.

LANCIA: significa perdita delle speranze, soprattutto se a sognarla è una donna.

LANTERNA: tenerla in mano mentre emette luce bianca indica ottimi risultati; se invece la luce è rossa vuol dire che riceveremo notizie che ci procureranno dispiaceri.

LARVA: questo sogno consiglia di fare attenzione ai tradi menti e alle maldicenze.

LATTE: il latte riporta alla serenità dell'infanzia e alla madre. Indica affetto, salute, buona sorte, ma se in sogno non si riesce a berlo, indica indecisione e bisogno d'aiuto. Se si sogna di versarlo, cattive notizie in arrivo.

LATTUGA: è segno di intelligenza e di buona salute, ma

prevede che dopo un periodo felice saranno in arrivo delle sofferenze.

LAVARSI: lavarsi in sogno con acqua pulita presagisce un periodo sereno e allegro; se l'acqua appare sporca, maldicenze e accuse. Sognare di lavarsi con acqua di mare segnala guai. Se si sogna di lavarsi il viso, tristezza e rimpianti passeggeri; le mani, gioie in famiglia; i capelli, imprevisti; i piedi, desideri che si realizzano.

LAVORARE: se a fare questo sogno è un agricoltore, buon auspicio per guadagni e famiglia. Per gli altri, questo sogno non ha un aspetto molto positivo.

LEGGERE: sognare di leggere indica volontà di miglioramento. Leggere una lettera preannuncia notizie inaspettate. Leggere una fiaba in sogno può presagire discussioni con le persone che ci circondano.

LEGNA DA ARDERE: Sognare legna preannuncia buone notizie. Portarla a spalla indica che gli affanni attuali dureranno ancora per un po'. Sognare di tagliarla consiglia di fare attenzione agli sperperi per salvaguardare le necessità della propria famiglia.

LEGNO: in generale è un sogno di buon auspicio che annuncia un buon lavoro o un affare molto conveniente. Sognare di segare del legno indica che è necessaria molta fatica per ottenere i risultati che vogliamo, ma poi avremo le giuste soddisfazioni.

LEGUMI: simbolo di dispiaceri, soprattutto in famiglia, che però si risolveranno.

LENTICCHIE: fin dall'antichità le lenticchie indicano egoismo, corruzione, bugie. Se si sogna di cuocerle però si preannuncia la speranza di miglioramenti e di scampare un pericolo.

LENZUOLO: se pulito, indica guadagni. Bianco, un prossimo matrimonio. Sporco annuncia una malattia. Sognare di cambiare le lenzuola preannuncia una visita gradita.

LEONE: simbolo di forza e di dominio, il leone può indicare ansia nei confronti dei propri superiori. Battersi e vincere un leone indica che si otterrà il successo dopo aver affrontato pericoli e ingiustizie. Sognare un gruppo di leoni può preannunciare la proposta di alcune persone a lavorare insieme a loro e che questo potrebbe portare a buoni risultati negli affari.

LEOPARDO: sognare un leopardo indica un buon periodo seguito però subito dopo da uno meno fortunato.

LEPRE: la lepre in sogno preannuncia guadagni veloci e sicuri.

LETAME: il letame è presagio di abbondanza.

LETTERA: scrivere o ricevere una lettera in sogno preannuncia qualcosa di nuovo e forse di insolito.

LETTO: se si sogna un letto ben fatto si preannuncia solidità economica e familiare. Se disfatto, qualche guaio.

LIBELLULA: preannuncia discussioni; se la si sogna in volo, possibili buone notizie in arrivo.

LIBRO: il libro è segno di lunga vita e di benessere.

LILLÀ: il lillà riporta ai ricordi amorosi della gioventù e può preannunciare disillusione.

LIMONE: sognare di bere una limonata è un buon segno, mentre il limone può simboleggiare amarezza e tristezza in amore e nelle amicizie.

LINGUA: sognare una lingua grossa indica eloquenza e creatività; se lunga, incertezza e delusioni; se sottile, malignità e furbizia. Sognare di non avere la lingua indica incapacità di difendersi o una situazione ormai esaurita che sta volgendo al termine. Mordersi la lingua, bisogno di mettere un freno alle chiacchiere. Sognare una lingua biforcuta può indicare bugie e calunnie.

LIQUORE: indica considerazione, rispetto, passione e affetto, ma se si sogna di ubriacarsi, i piaceri presto si riveleranno falsi e passeggeri.

LITIGARE: litigare in sogno può indicare disaccordi ma anche volontà di affrontare persone che non ci sono amiche. Possibili perdite di tempo e di denaro se si sogna di litigare con un amico.

LOCOMOTIVA: vedere in sogno una locomotiva è preannuncio di viaggio.

LOTO: sognare il fiore del loto sbocciato indica realizzazione dei propri progetti e soddisfazione.

LOTTARE: se si sogna di lottare con un parente o con un amico, dissidi; se con uno sconosciuto, possibile malattia.

LUCCHETTO: sognare un lucchetto chiuso indica egoismo; aperto, disponibilità verso gli altri; rotto, perdita di denaro.

LUCCIOLA: in sogno le lucciole possono indicare novità positive che porteranno alla risoluzione dei propri problemi.

LUCE: si tratta di un presagio eccellente. Quanto più è intensa in sogno, tanta più fortuna si avrà nella vita.

LUCERTOLA: la lucertola è un antico simbolo di saggezza, ritenuto per alcune tradizioni portafortuna. Ha significati contrastanti: per alcuni questo sogno avverte che è meglio guardarsi dalle astuzie di persone traditrici e avere più coraggio ad affrontare le situazioni; per altri rappresenta affetto e lealtà. Se la si sogna con la coda mozzata può indicare la paura di perdere interesse ed energia.

LUMACA: la lumaca indica disagio e desiderio di rintanarsi in se stessi. Può preannunciare un lento svolgimento dei progetti avviati. Sognare di mangiar lumache indica abbondanza e fecondità, mentre vederne i gusci vuoti preannuncia perdite economiche. Sognare lumache che mangiano può presagire la perdita del lavoro per propria negligenza e pigrizia. Questo sogno può anche ricordarci la puntualità.

LUNA: sognare la luna può indicare inquietudine e curiosità. Sognare la luna piena è augurio di benessere e prosperità; crescente: affinità amorose ma periodo sfortunato; calante: sfortuna soprattutto in amore; luna nuova: viaggi e inconvenienti negli affari. Sognare la luna circondata da un alone indica timori e dolore.

LUPO: il lupo rappresenta il vigore e la violenza maschile. Può rappresentare una persona che si dovrà affrontare. Essere attaccati da un lupo può avvertire che un nemico ci causerà dei danni. Essere morsi da un lupo, che potremmo essere vittime di perfidia. Infine ucciderlo preannuncia trionfo sugli avversari e sulle difficoltà. Sentire un lupo ululare può essere segno di cattiva sorte negli affari e indicare maldicenze.

LUTTO: si tratta di un sogno dal significato positivo: indica contentezza, altruismo, bontà e dignità. Sognare di essere vestiti a lutto può preannunciare il matrimonio di un parente.

M

MACCHERONI: questo sogno indica pace e affetti, ma anche ristrettezze economiche.

MACCHIA: sognare una macchia è sintomo di sensi di colpa per un'offesa fatta.

MACCHINA DA CUCIRE: questo sogno predice disillusione.

MACINARE: macinare grano in sogno preannuncia prosperità; se pepe, piccoli incidenti e dispiaceri, probabilmente in famiglia.

MADRE: che sia viva o morta, sognare la propria madre è segno di protezione e amore. Parlarci in sogno preannuncia notizie gradite. Sognarla morta preannuncia qualche insidia ma può anche indicare il bisogno di un distacco necessario.

MAESTRA/O: questo sogno indica qualcosa di poco chiaro, paura e incertezza e consiglia maggiore intraprendenza e di non temere i giudizi.

MAIALE: è un simbolo legato al denaro; sognare un maiale preannuncia dispiaceri anche in amore, a causa di un comportamento troppo superficiale.

MAIS: mangiare mais in sogno indica ristrettezze. Venderlo invece buona sorte.

MANDORLA: questo sogno indica un periodo positivo di allegria anche se con qualche piccolo ostacolo.

MANGIARE: questo sogno è legato all'appagamento. In genere questo sogno è di buon auspicio e garantisce abbondanza e possibilità di vincite. Se il cibo che si sogna è dolce, indica ricerca di affetto. Se salato, voglia di avventure, mentre se è aspro, chiusura verso gli altri. Sognare frutta indica desiderio di svago, mentre il pane indica longevità e la carne forte desiderio sessuale. Sognare di mangiare malvolentieri o di non riuscire a ingoiare indica disagio e malessere. Sognare di provare disgusto può segnalare situazione sgradevoli, mentre essere interrotti mentre si mangia può esprimere frustrazione.

MANO: questo sogno si lega ai rapporti con gli altri e ai progetti realizzati e ancora da realizzare. Le belle mani indicano buoni affari e felicità in famiglia. Mani sporche o insanguinate possono preannunciare sofferenza. Guardarsele in sogno può preannunciare una malattia. Lavarsele, preoccupazioni; fare il pugno, probabilità di perdere un'amicizia. Se si sognano mani callose, mete difficilmente raggiungibili; mani ferite, situazioni bloccate. Se si tratta di mani piccole, delusioni. La mano aperta nei sogni porta ricchezza, chiusa è invece segnale di povertà.

MANTELLO: buone notizie. Sognare di indossare un mantello segnala aiuto inatteso da parte di un amico.

MARE: il mare è simbolo di dinamicità ma anche di dubbio, incertezza e instabilità. Sognare un mare calmo indica serenità in famiglia; in tempesta preannuncia un pericolo. Sognare di viaggiare per mare preannuncia guadagni e soddisfazioni. Sognare di cadere in mare avverte di un periodo difficile pieno di ostacoli. Sognare di camminare sulle acque consiglia di scegliere un altro momento per apportare un grande cambiamento alla propria vita.

MARGHERITA: è segno di semplicità, pace e felicità.

MARINAIO: indica insicurezza e paura e avverte di pericoli e disgrazie.

MARITO: sognare un marito affettuoso segnala difficoltà della coppia, mentre sognare una donna che picchia il proprio marito può preannunciare grande rispetto. Se chi fa questo sogno è una nubile, possibile matrimonio.

MARMO: sognare una cava di marmo indica problemi, dispiaceri inattesi e delusioni. Sognare del marmo nero predice un lutto; bianco, feste.

MARTELLO: questo sogno indica un carattere permaloso, facile alle discussioni. Consiglia di guardare di più al proprio futuro.

MASCHERA: questo sogno ci avverte che presto i nostri progetti si realizzeranno.

MATERASSO: sognare di dormire su un materasso morbido e nuovo è segnale di gradevoli accadimenti; se invece il materasso è vecchio e sporco, guai.

MATITA: questo sogno indica il bisogno di avere più attenzione, anche sessuale, da parte del partner.

MATRIMONIO: il matrimonio rappresenta unione e realizzazione di progetti. Sognare il proprio matrimonio può indicare la necessità di soddisfare alcune mancanze e il desiderio di cambiamenti anche nella vita di coppia.

MATTO: sognare di essere matti invita a essere se stessi e a riscoprire i propri ideali. Questo porterà benessere in generale.

MEDAGLIA: malgrado si stia vivendo un periodo di insicurezza, sognare una medaglia annuncia la conoscenza di una persona importante, forse dell'anima gemella.

MEDICINA: sognare di prendere una medicina è un invito ad essere meno superficiali. Se invece la si somministra a un malato, si godranno benefici immediati.

MELA: se si sogna una mela rossa o se si sogna di ricevere una mela in regalo, si preannuncia un periodo positivo per l'amore; sognare una mela verde indica bisogno di chiarimenti, litigi e incomprensioni. Se marcia, cambiamenti negativi. Sognare molte mele indica abbondanza. Sognare di mangiarne molte può preannunciare una scelta sbagliata.

MELAGRANA: rossa e matura preannuncia guadagni in vista e fecondità; verde, contrarietà e dispiaceri.

MELONE: segnale di buon augurio. Essere malati e sognare di mangiare un melone preannuncia pronta guarigione; sognare di comprarne uno consiglia di evitare di spendere denaro inutilmente.

MEMORIA: sognare di perdere la memoria preannuncia fortuna. Sognare di profanare la memoria di qualcuno consiglia di non giudicare una persona prima di conoscerla.

MERCATO: questo sogno indica un periodo in cui si medita un cambiamento. Sognare un mercato vuoto può indicare discordie nella coppia e consiglia di non prendere decisioni azzardate. Un mercato pieno invece, ottimi risultati.

MERLO: sentire in sogno un merlo gracchiare indica chiacchiere. Sentirlo cantare preannuncia un periodo allegro. Vederlo morto, guai e dispiaceri.

MESSA: questo sogno è un presagio positivo di serenità e benessere.

METROPOLITANA: sognare di arrivare a una stazione della metropolitana indica miglioramenti; partire invece consiglia prudenza negli affari.

MIELE: sognare del miele preannuncia un viaggio piacevole e ottimi risultati sul lavoro.

MIETITURA: indica operosità e buona volontà e presagisce lauti guadagni.

MIRTO: simbolo di fedeltà, preannuncia un amore sincero.

MISERIA: sognare di essere in miseria è un sogno di ottimo auspicio in ogni campo. Vedere altri in miseria, invece, presagisce guai in famiglia.

MISURARE: sognare di prendere misure è di cattivo auspicio. Questo sogno consiglia di non arrischiarsi nelle spese senza prima aver fatto i dovuti calcoli.

MOBILI: sognare di comprare dei mobili può significare felicità e un prossimo matrimonio; venderli è un cattivo presagio; sognarli rotti o miseri ancora peggio. Se si tratta di mobili eccessivamente eleganti, guai a causa di superficialità.

MONACO: vedere in sogno un monaco presagisce qualche segreto che verrà svelato. Se indossa un abito bianco predice buona riuscita negli affari; se invece indossa un abito nero, è annuncio di un pericolo mortale; sognare di esserlo può presagire l'inizio di una bella storia d'amore.

MONETA: sognare monete d'oro indica un periodo fortunato; d'argento, periodo positivo in arrivo; di rame, bronzo o altro materiale di scarso valore, invece, sacrifici economici. Se si tratta di una moneta falsa preannuncia contrarietà.

MONTAGNA: scalare in sogno una montagna e riuscire a raggiungerne la cima indica miglioramento, prosperità, successo e riconoscimenti; sognare di discenderla indica una vita facile.

MORA: sognare delle more annuncia buone notizie che ci riempiranno di gioia.

MORDERE: sognare l'atto di mordere è espressione di carattere forte. Venir morsi in sogno preannuncia sentimenti di gelosia.

MORTE: è simbolo di fine e di trasformazione. Generalmente questo sogno è un segnale di buon auspicio, soprattutto se si sogna la propria morte. Sognare la morte del proprio coniuge può indicare bisogno di autonomia. Quella di un amico o di un parente può annunciare nozze, una nascita e comunque buona sorte e qualcosa che si sta evolvendo. Se invece si sogna la morte dei propri genitori può essere il segno positivo di un distacco necessario. Se si sognano persone morte è consigliabile prestare attenzione a quello che vogliono comunicarci: secondo i miti antichi, infatti, i defunti sono dei messaggeri.

MOSCA: questo sogno presagisce inconvenienti causati da amicizie non fidate.

MOSTRO: se a sognare un mostro è una donna, si preannunciano gioia e serenità. Se invece un uomo, pericolo di non riuscire nei propri intenti.

MOTOCICLETTA: se chi sogna sa guidare una moto, questo sogno può indicare bisogno di libertà e volontà di contare sulle proprie forze; se invece chi sogna non sa guidare, insicurezza e sfiducia. Sognare di guidare una moto superaccessoriata può segnalare senso di inferiorità. Questo sogno consiglia di riflettere sugli aspetti della propria vita che non ci soddisfano.

MUCCA: simbolo di benessere e ricchezza costante. Sognare di condurre delle mucche al pascolo indica una vita serena e produttiva. Più le mucche sognate sono grasse, maggiori saranno i guadagni.

MULINO A VENTO: sognare un mulino a vento indica miglioramenti futuri grazie al proprio coraggio. Più le pale girano velocemente, più veloci saranno i risultati, ma è consigliabile accontentarsi e non esagerare con le aspettative.

MULO: sognare un mulo che porta un carico preannuncia qualche difficoltà e mancanza di progressi. Di buon auspicio invece se si sogna un mulo senza carico. Questo sogno consiglia di agire con prudenza.

MURO: questo sogno indica un ostacolo che, se si riesce a superare con le proprie forze, potrebbe portare alla risoluzione dei nostri problemi. Più il muro appare alto e insormontabile in sogno, più saranno i disagi da affrontare.

MUSICA: ascoltare musica in sogno indica benessere e un periodo sereno.

MUTO: questo sogno indica timidezza e difficoltà a difendersi. Può annunciare liti domestiche o una malattia in famiglia.

N

NANO: sognare di essere nani indica che non ci fidiamo degli altri e spesso ci troviamo a disagio. Sognare di vedere un nano, invece, che non temiamo gli ostacoli.

NARCISO: sognare narcisi indica critiche verso il nostro carattere a volte troppo accentratore.

NASCITA: indica che è arrivato il momento di prendere una decisione, che con molta probabilità ci porterà un successo. Se chi sogna è malato, questo sogno è un cattivo presagio.

NASCONDERSI: sognare di nascondersi indica insicurezza e timore e consiglia di chiedere aiuto a qualcuno di caro. Se a nascondersi è qualcun altro, si verrà a conoscenza di notizie riservate. Sognare di nascondersi in un sotterraneo preannuncia che si sfuggirà a un pericolo.

NASO: sognare un grosso naso preannuncia ricchezza materiale. Se aquilino, consiglia di curare l'alimentazione; piccolo è invece segnale infausto. Sognare un naso che sanguina indica troppa distrazione. Sognare di perdere il naso può preannunciare il ritrovamento di qualcosa che si era perduto.

NASTRO: se si sogna un lungo nastro, si annuncia un periodo economicamente difficile e spese azzardate; se si tratta di un nastro consumato, problemi in famiglia che logorano. Un nastro rosso può preannunciare un legame affettivo.

NATICHE: questo sogno indica insicurezza e presagisce la possibilità di tradimento e pettegolezzi.

NAUFRAGIO: indica situazioni precarie che si stanno vivendo. È necessario fare attenzione e mettersi al riparo da un pericolo.

NAVE: questo sogno indica la capacità di destreggiarsi nella vita. Navigare in acque calme indica buoni risultati sul lavoro e può anche preannunciare un viaggio. Trovarsi invece in acque agitate, qualcosa di cui temere. Se si sogna un'imbarcazione che affonda è necessario un periodo di riposo.

NEBBIA: sognare di essere avvolti dalla nebbia indica incertezza e ansia. Può indicare che la noia per il proprio lavoro e per il tipo di vita che si sta conducendo potrebbe portare a comportamenti non controllati come la rabbia. Consiglia di avere pazienza e di comunicare i propri rancori.

NEGOZIO/NEGOZIANTE: in sogno il negozio rappresenta i ricordi. Se si sogna della merce di nostro gradimento, i nostri ricordi sono piacevoli. Sognare di essere un negoziante invita a considerare con più attenzione gli altri. Sognare un negoziante consiglia invece cautela negli affari.

NEMICO: sognare un proprio nemico indica dissidi e rivalità nella realtà quotidiana. Sognare di vincerlo, prosperità e sviluppo di un'impresa. Se se ne viene sopraffatti, perdite.

NEO: sognare di avere un neo sulla fronte è segno di critiche. Sul mento, fascino.

NEONATO: è un sogno di buon augurio in ogni campo e di cambiamenti positivi.

NESPOLA: questo frutto indica pigrizia e indolenza; il consiglio è quello di ricordare che grazie alla perseveranza e all'impegno si ottengono buoni risultati.

NEVE: la neve è simbolo di purezza. Sognarla può significare il desiderio di avere vicino persone oneste. Presagisce buoni risultati, soprattutto in campo lavorativo e professionale. Sognare di essere colti da una bufera di neve indica che presto si verificherà un miglioramento della propria situazione, grazie alla propria determinazione, o comunque novità inaspettate.

NIDO: sognare il nido di un uccello indica allegria e la risoluzione di questioni familiari; se il nido è di serpente, calunnie e litigi.

NOCE: questo sogno preannuncia abbondanza e profitto. Può anche annunciare il ritrovamento di un oggetto che si era perso.

NODO: sognare di fare nodi simboleggia difficoltà; scioglierli, invece, consiglia di prestare attenzione a se stessi e al proprio valore. Sognare di fare un nodo molto stretto può indicare una separazione; se invece si tratta di un nodo lento, legami affettivi e successo nella professione. Tagliare un nodo in sogno indica una decisione drastica.

NONNI: sognare i propri nonni sorridenti preannuncia soddisfazioni e consiglia di dare ascolto a persone più esperte di noi; vedere in sogno i propri nonni tristi, indica invece amarezze.

NOTTE: serena e stellata è segno di felicità in famiglia e sul lavoro. Se invece si tratta di una notte buia, intrighi nel campo delle amicizie.

NOTIZIA: sognare di ricevere buone notizie presagisce una malattia o un incidente. Se sono cattive, al contrario, indicano allegria e fortuna.

NUDITÀ: sognare di essere completamente nudi e provarne piacere può indicare un conflitto tra il timore di attirare l'attenzione e il desiderio invece di mostrarsi. Se nel sogno si è accompagnati da un sentimento di vergogna, ansia o inferiorità, può esprimere la paura di mostrarsi apertamente. Questo sogno si collega anche al bisogno di mantenere una propria intimità. La propria nudità può anche riferirsi a onestà e franchezza.

NUMERI: nei sogni il numero zero può preannunciare nuove possibilità, avventure, creatività; il numero uno è considerato il principio di ogni cosa e indica qualcosa che si è concluso, ma anche un possibile momento di solitudine; il due consiglia di fare attenzione alle rivalità; il tre è simbolo magico e religioso e nei sogni indica creatività, realizzazione ma anche possibilità di litigi; il quattro per molte culture è legato ai quattro elementi naturali, le quattro stagioni, le quattro fasi lunari; in sogno indica progetti realizzati e fiducia in se stessi; il cinque è segnale di fortuna che indica azione e movimento, bisogno di cambiamento e creatività; il sei annuncia una vita familiare serena e armonia con gli altri; sognare il numero sei ripetuto tre volte può indicare un carattere dispotico e la predisposizione all'occultismo; il sette in molte culture rappresenta la chiave per la comprensione del mondo; è considerato numero sacro e magico ed esprime traguardo e successi; il numero otto è simbolo di equilibrio e stabilità che apre a nuove esperienze; il nove indica progetti ormai realizzati e può presagire una gravidanza.

NUOTARE: sognare di nuotare indica la capacità di affrontare la vita. Sognare di nuotare con la testa sott'acqua denota difficoltà ad affrontare le situazioni. In acque limpide è segno di sicurezza e piaceri; se invece si sogna di nuotare con il mare mosso o in acqua torbida, si preannunciano sofferenze e la possibilità di incorrere in un pericolo.

NUVOLE: le nuvole in sogno annunciano felicità momentanea. Se nere e temporalesche minacciano la serenità in famiglia e preannunciano ostacoli e discordie.

O

OASI: l'oasi annuncia sempre qualcosa di positivo; è segno di riposo, buone notizie, prosperità e amicizie salde e disinteressate.

OBELISCO: indica autorevolezza e preannuncia riconoscimento per i propri meriti. Può anche presagire che un amico offrirà il suo aiuto.

OCA: indica felicità domestica e riconoscimenti.

OCCHI: l'immagine dell'occhio si trova in quasi tutte le culture ed è associata alla percezione, all'intelletto e all'interiorità. Sognare occhi sani indica allegria; occhi tristi o malati segnalano invece dispiaceri. Sognare occhi chiusi avverte che bisogna diffidare di qualcuno. Occhi ammiccanti indicano invidie e pregiudizi. Perdere un occhio in sogno può preannunciare un'eredità. Vedere in sogno un unico occhio può indicare il bisogno di maggior chiarezza e concentrazione in una situazione. Sognarsi senza occhi indica l'incapacità o la volontà di non vedere certi aspetti propri o altrui.

OCCHIALI: sognare degli occhiali indica che si vuole esprimere e rendere espliciti i propri pensieri. Se nel sogno a indossarli non è chi sogna, possibili nuove amicizie. Sognare di non trovare gli occhiali sottolinea il bisogno di vedere le cose con più chiarezza.

OFFICINA: sognare un'officina piena di persone al lavoro significa che presto i nostri progetti si realizzeranno. Se invece l'officina è vuota, questo sogno consiglia di comportarsi meglio sul lavoro.

ODIO: provare odio in sogno preannuncia felicità e il conseguimento di un obiettivo.

ODORE: sentire un cattivo odore in sogno può annunciare una malattia e senso di disagio. Se si tratta di un buon odore, salute e amicizie. Sognare di puzzare preannuncia l'allontanamento di un amico.

OLIO: sognare dell'olio indica miglioramento e arricchimento, mentre sognare di versarlo è un pessimo auspicio. Travasarlo, notizie in arrivo.

OLIVO/A: sognare piante d'olivo o olive annuncia serenità, prosperità e buoni rapporti con gli altri. Se la pianta è carica di frutti può anche annunciare una prossima nascita.

OMBELICO: questo sogno può preannunciare la nascita di un figlio. Un ombelico ferito segnala pericolo di malattia, forse per la madre di chi sogna.

OMBRA: trovarsi all'ombra di un albero o di qualcuno indica che la nostra situazione attuale migliorerà presto e che si riaccenderanno molte speranze.

OMBRELLO: sognare di ripararsi con un ombrello nuovo indica protezione e affetto; può anche indicare la capacità di difendersi. Perdere un ombrello in sogno può indicare senso di disagio. Se rotto, tradimenti e abbandono. Sognare invece di prenderlo in prestito consiglia cautela con gli amici che si dicono fidati.

ONDA: le onde simboleggiano gli ostacoli da superare e possono indicare paura e senso di impotenza. Sognare onde molto alte indica sfiducia in se stessi. Onde basse annunciano invece la facile risoluzione di problemi che credevamo gravi.

ONICE: questo sogno presagisce momenti difficili che potranno essere superati con molta fatica, costanza e perseveranza.

OPALE: indica la capacità di vedere con chiarezza le situazioni. Sognare questa pietra è augurio di felicità e di rispetto.

OPERAIO: è un sogno di buon auspicio per il lavoro, a meno che si sogni un licenziamento o un rimprovero.

OPERA: ascoltare un'opera in sogno indica serenità e benessere se ci si impegna a vincere le avversità.

ORCO: questo sogno può essere ricollegato a una figura paterna troppo rigida e può indicare sottomissione a una persona più forte di noi.

ORECCHIE: le orecchie in sogno indicano conoscenza, comprensione, intelligenza. Questo sogno può consigliare di ascoltare meglio gli altri e se stessi. Sognare di avere un orecchio mozzato può indicare paura del giudizio altrui. Se si sognano orecchie ben fatte si preannuncia buona riuscita in ogni campo; brutte, maldicenza; grandi, amici gioiosi; piccole, non dobbiamo fidarci di una persona che dice di essere nostra amica; lunghe: longevità; se prudono, soprese; se doloranti, scontri verbali. Sentir fischiare le orecchie in sogno significa che siamo oggetto di maldicenze. Le orecchie di un animale indicano tradimento.

ORECCHINI: sognare di infilarsi degli orecchini può preannunciare una nascita; vederli indosso a qualcun altro, matrimonio, ma se è un uomo a sognarli, presagiscono difficoltà economiche.

ORGANO: sentire suonare un organo in sogno è presagio di benessere e buone notizie, forse un'eredità. Suonarlo è invece segnale di dolore.

ORINARE: vedere in sogno dell'urina indica paura di essere coinvolto nelle situazioni. Sognare di non trovare un posto dove poter urinare o essere continuamente interrotti, indica persone o situazioni che interferiscono con la realizzazione dei propri progetti. Senso di inadeguatezza se si sogna di dover urinare sotto lo sguardo altrui.

ORO: sognare dell'oro segnala difficoltà nell'affrontare i propri e gli altrui sentimenti. Può annunciare contrattempi, dispiaceri e minor fortuna per chi ha una buona situazione economica, mentre per chi è povero, fortuna.

OROLOGIO: sognare di caricare un orologio o vederlo ben funzionante annuncia riconciliazione. Riceverlo in regalo indica pene. Sognare un pendolo, un orologio a muro, qualcuno che ci chiede l'ora o un orologio fermo o in ritardo è indizio di ansia da stress. Rotto annuncia cambiamento. Sentire rintoccare un orologio può preannunciare un appuntamento di lavoro o un abbandono, forse anche un decesso.

ORSO: sognare un orso indica successi e sblocco degli affari, anche in quelli di cuore, soprattutto se si sogna di riuscire a catturarlo. Se è bruno può annunciare contrarietà con il partner. Se è quieto avremo pace e serenità in famiglia. Sognare un orso che balla porta imprevisti.

ORTO: sognare un orto preannuncia realizzazione e prosperità in amore o in campo lavorativo.

ORTICA: sognare dell'ortica presagisce tradimenti e problemi vari. Pungersi con l'ortica è invece un segnale di buon augurio, soprattutto per la realizzazione dei nostri progetti.

OSPEDALE: sognare di essere in ospedale significa che, benché persone ottimiste, non conduciamo una vita particolarmente felice e desideriamo maggiore comprensione e cura da parte degli altri Se si sogna un amico ricoverato, guadagni e amicizie durature.

OSSA: sognare un mucchio di ossa umane può annunciare un lutto. Se si tratta di ossa di animali, cattive notizie.

OSTACOLO: sognare di saltare un ostacolo indica un futuro facile senza imprevisti.

OSTE: questo sogno preannuncia benessere ottenuto grazie al proprio impegno.

OSTIA: questo sogno è indice di desiderio di tranquillità ed è di buon auspicio.

OSTRICA: sognare delle ostriche può preannunciare una nuova storia d'amore. Inoltre buone notizie, successo negli affari e forse un viaggio in luoghi lontani.

P

PACCHETTO: sognare un pacchetto annuncia qualcosa di positivo, ma se risulta vuoto, cattive notizie. Donarlo, nuove amicizie. Questo sogno consiglia di modificare il proprio modo di vivere e di pensare.

PADRE: simbolo di autorità e forza, in sogno è segno di fortuna e di speranza. Parlargli in sogno indica buone notizie, vederlo morto preannuncia un periodo di sconforto e di malinconia.

PAESAGGIO: sognare un bel paesaggio è di buon auspicio, anche per la salute, e può preannunciare visite; un paesaggio statico e asettico può indicare un momento arido di emozioni.

PAGLIA: sognare un mucchio di paglia indica povertà. Se si sogna paglia che brucia, gioie e allegria che possono rivelarsi fugaci. Sognare di dormire in un pagliericcio indica senso di solitudine e denaro che tarda ad arrivare.

PAGLIACCIO: sognare un pagliaccio segnala la possibilità di imbrogli.

PALAZZO: se si sogna un grande palazzo, problemi a causa della paura verso le responsabilità. Se in sogno lo si possiede, infelicità.

PALLA/PALLONE: segno di equilibrio, la palla nel sogno promette riuscita negli affetti e nella vita; lanciarla in aria presagisce felicità poco duratura; passarla ad altri preannuncia un aumento di responsabilità.

PALMA: è di buon augurio per la realizzazione dei propri desideri. Inoltre può annunciare un prossimo matrimonio e buoni risultati negli esami.

PALUDE: è simbolo di impotenza e in sogno segnala ostacoli e affari difficili.

PANE: bianco indica miglioramento, soddisfazione, sicurezza e longevità. Sognare invece del pane nero è sintomo di difficoltà.

PANTALONI: indossare pantaloni in sogno indica fiducia e autostima. Se si sognano dei pantaloni rovinati si preannunciano delusioni e senso di inadeguatezza; sognare di toglierseli può presagire una perdita o malattia.

PANTERA: è di cattivo auspicio perché preannuncia un periodo di solitudine e di incomprensione.

PANTOFOLE: le pantofole sono simbolo di pace e di felicità domestica. Se in cattivo stato segnalano però dissidi familiari.

PAPA: questo sogno è legato alla sicurezza e alla guida anche spirituale. Può preannunciare aiuto da una persona importante.

PAPPA: guadagni e possibile eredità in arrivo, soprattutto se si sogna di dare la pappa a un bambino.

PAPPAGALLO: questo sogno preannuncia chiacchiere e false amicizie.

PARACADUTE: usarlo o vederlo usare preannuncia la risoluzione dei nostri problemi.

PARADISO: questo sogno indica desiderio di evadere da una situazione penosa e prevede possibilità di ripresa. Se si sognano anche angeli, qualcuno a noi vicino ci aiuterà.

PARALISI: sognare di essere paralizzati è indice di indecisione e angoscia, forse un lutto. Vedere in sogno una persona paralizzata, invece, presagisce benessere.

PARASSITI: sognare parassiti è indice di fastidi e senso di poca autonomia. Se nel sogno ci si riesce a liberare dai parassiti, è possibile un miglioramento negli affari e anche fortuna.

PARCO: sognare un parco verde annuncia allegria e pace. Se invece si sogna un parco spoglio, preoccupazioni in famiglia e perdite di denaro.

PARENTI: i propri parenti in sogno indicano alcune qualità che vorremmo migliorare in noi. Sognarli morti o malati è di cattivo augurio.

PARTORIRE: sognare di partorire indica tranquillità,

cambiamenti positivi e la realizzazione dei progetti avviati. Sognare di assistere a un parto annuncia un aumento di fortuna. Un parto facile indica prosperità; lungo, contrarietà. Sognare di morire durante un parto segnala una profonda trasformazione interiore e di rinnovamento.

PARRUCCA: sognare di mettersi una parrucca è presagio di tristezza e scarsi guadagni; vederla su di un altro consiglia di fare attenzione ad amici non sinceri.

PARRUCCHIERE: sognare un parrucchiere da uomo indica prosperità nel lavoro e gioia; un parrucchiere da donna, invece, maldicenze e inganni.

PASSEGGIATA: sognare di passeggiare indica in generale serenità, pace e amicizie sincere. Da soli o con estranei, probabile periodo di sofferenze.

PASSERO: questo sogno indica qualcosa di triste che potrebbe accadere e consiglia di cercare di smussare i propri difetti.

PASTICCIO: questo sogno presagisce incertezza per una situazione poco chiara che ha bisogno di una spiegazione.

PASTORE: il pastore annuncia abbondanza e fortuna; se è senza gregge forse faremo la conoscenza di una persona che potrebbe cambiare la nostra vita. Se si tratta di una pastorella, amore e possibile matrimonio.

PATATE: questo sogno non è di buonissimo auspicio. Potrebbe indicare guai e frivolezze.

PATTINARE: pattinare sia su rotelle sia sul ghiaccio assicura successi. Se nel sogno si cade, è meglio fare attenzione a non commettere imprudenze.

PAURA: avere paura in sogno avverte di fare attenzione alla salute o a una persona che potrebbe causare preoccupazioni.

PAVONE: il pavone è, fin dall'antichità, simbolo di bellezza, dignità ma anche di vanità. Questo sogno consiglia di riflettere sui propri comportamenti e sul modo in cui ci si propone agli altri. Sognare un pavone che fa la ruota può anche presagire un matrimonio o serenità negli affari e in famiglia. Se il pavone nel sogno non fa la ruota, qualche contrarietà.

PECORA: vedere in sogno una pecora sacrificata annuncia dissapori e lacrime. Nera in un gregge di pecore bianche segnala amore e desiderio di esprimersi più liberamente. Sognare un gregge di pecore indica tensione e insoddisfazione.

PELI: sognare peli neri è simbolo di disgrazia e di qualcosa non piacevole. Biondi indicano soddisfazioni e allegria, anche se non immediate.

PELLE: sognare di cambiare pelle annuncia delusioni. Cambiamenti e delusioni se si sogna pelle non sana; se sana e liscia, invece, amore felice. Pelle vecchia, buoni consigli da una persona saggia.

PELLEGRINAGGIO: sognare di essere in pellegrinaggio indica che si sta attraversando un periodo denso di preoccupazioni che però, lentamente, può risolversi. Sognare di allontanarsi dagli altri pellegrini indica allontanamento dagli altri per dei conflitti.

PENE: sognare organi sessuali maschili molto grandi è di buon auspicio e può indicare buona energia nell'agire, mentre se sono più piccoli che nella realtà non sono previsti miglioramenti della propria situazione. Se sproporzionati, possono preannunciare la nascita di un figlio maschio. Se una donna sogna di avere il pene può indicare il bisogno di ridefinire alcuni aspetti troppo duri del proprio carattere.

PENTOLA: sognare una pentola indica novità e presagisce abbondanza. La tradizione dice che sognare una pentola vuota può preannunciare matrimonio.

PEPE: il pepe in sogno indica momenti di incertezza e difficoltà. Se si sogna di mangiare pepe, avventure.

PERA: mangiare o vedere in sogno una pera matura è augurio di grandi soddisfazioni e buona salute. Acerba, è presagio di problemi e nervosismo. Se marcia, vecchiaia precoce.

PERDERE/PERDERSI: sognare di perdere qualcosa può evidenziare l'attuale stato d'animo di insofferenza e di volontà di cambiamento di chi sogna. È di solito annuncio di notizie. Se si sogna di perdere denaro, si riceveranno regali. Sognare di perdersi può denotare disorganizzazione e difficoltà a sentirsi a proprio agio. Perdersi in un bosco indica insicurezza in se stessi e necessità di recuperare le proprie forze. In un labirinto, preannuncia difficoltà nel lavoro e possibile tradimento.

PERDONARE: sognare di perdonare, specie se un nemico,

può preannunciare un inganno. Essere perdonati indica invece un ricatto morale.

PERLA: le perle in sogno indicano tristezza e povertà. Sognare di indossare una collana di perle avverte di guai e di una situazione non troppo buona. Sognare di infilare perle annuncia solitudine.

PERNICE: ucciderla annuncia disinganno e maldicenze. Mangiarla è segno di ricchezza e amicizia.

PESCARE: sognare di pescare segnala miseria e patimenti; se i pesci sono piccoli, con la pazienza si potrà arrivare a un miglioramento della situazione.

PESCE: il pesce indica prosperità e abbondanza ed è legato a una simbologia fallica. Se si sognano pesci morti o boccheggianti, si preannunciano difficoltà, dispiaceri e mancanza di energia. Sognare un solo pesce ma molto grosso può annunciare un matrimonio o qualcosa di molto urgente. Sognare un acquario può preannunciare felicità e fortuna durature. Sognare di essere divorati dai pesci può indicare il desiderio di isolamento per progettare qualcosa di nuovo e di diverso.

PETARDO: questo sogno consiglia di essere perseveranti e di non fidarsi di una persona che si dà molte arie.

PETTINE: questo sogno indica litigi coniugali e possibili tradimenti.

PIAGA: questo sogno può annunciare una persona antipatica, perdite e tristezza.

PIANGERE: questo sogno indica il desiderio di esprimere liberamente i propri sentimenti e le proprie emozioni. Sognare di piangere può anche annunciare la fine delle proprie preoccupazioni di lavoro.

PIANOFORTE: vedere in sogno un pianoforte indica felicità e serenità in famiglia. Suonarlo può però indicare inimicizie e dissidi familiari.

PIANTA: rappresenta lo stato psicologico di chi sogna. Sognare una pianta verde, rigogliosa e molto ramificata segnala vita lunga, buona salute e successo; se piccola o malata, debolezza e necessità di molta forza per superare gli ostacoli.

PIANURA: sognare una pianura vasta e verde indica fortuna sul lavoro e in ogni altro campo. Brulla, al contrario, povertà.

PIATTO: sognare un piatto pieno potrebbe indicare matrimonio. Questo sogno denota salute e prosperità, se però in sogno lo si rompe, screzi e disillusione.

PIAZZA: se nel sogno ci si trova a disagio stando in una piazza, questo indica difficoltà nel comunicare. Se invece ci si sente a proprio agio, desiderio di rompere legami ormai logori.

PICCHIARE: questo sogno può indicare un'aggressività repressa a lungo, forse qualcosa di non detto legato ai propri genitori. Sognare di venir picchiati, soprattutto se da un estraneo, può indicare prosperità, ma anche piccole contrarietà di breve durata. Non riuscire nel sogno a picchiare segnala autocontrollo. Sognare di picchiare un bambino è indice di forte carica aggressiva che si ritorce su se stessi.

PICCIONE: il piccione è simbolo di amore devoto e di pace domestica. Se in sogno lo si uccide o gli si tarpano le ali, disinganni e difficoltà.

PIDOCCHIO: sognare pidocchi indica denaro in abbondanza ma segnala anche fastidi e senso di poca autonomia.

PIEDE: i piedi sono simbolo della capacità di muoversi nella vita. Sognare piedi puliti indica buone amicizie e la possibilità di uscire da un periodo difficile; se invece si sognano piedi sporchi, cattive compagnie che possono portare a esperienze dolorose. Feriti indicano pene e disgrazie e avvertono di fare attenzione durante un viaggio. Legati annunciano una paralisi. Sognare di avere un piede fratturato segnala una crisi negli affari. Se ferito, fragilità di carattere. Sognare di pestare il suolo a piedi nudi preannuncia buoni affari. Qualcuno che ci pesta i piedi, ostacoli. Se si sognano piedi doloranti si preannuncia la fine delle proprie sofferenze. Con scarpe e calze indicano stabilità e capacità di far fronte ai problemi. Sognare di essere senza piedi indica impedimenti a causa di qualcuno o qualcosa.

PIETRA: Scagliare una pietra ha vari significati: il tormento della gelosia, conflitti oppure nozze. Camminare su un terreno pietroso, contrarietà.

PIETRE PREZIOSE: in generale indicano volontà di cambiamento. Ogni pietra preziosa ha un suo proprio significato onirico.

PINGUINO: il pinguino è simbolo di adattabilità e di originalità. Sognare pinguini può indicare difficoltà a sentirsi a proprio agio e segnalare la presenza di contrasti nella realizzazione dei propri progetti.

PINO: questo sogno indica difficoltà in famiglia.

PIOGGIA: sognare una pioggia può indicare tristezza, infelicità e disagio, ma se abbondante indica sollievo e risoluzione di tensioni.

PIOPPO: sognare questo albero indica un futuro felice e il superamento di una crisi grazie alla propria forza d'animo.

PIPA: sognare una pipa indica ostinazione che porterà a piccole soddisfazioni, ma anche possibilità di un malore di poco conto.

PIPISTRELLO: per i Maya il pipistrello era simbolo di morte, mentre la tradizione orientale lo ha associato alla felicità e alla longevità. Secondo la nostra tradizione, questo mammifero legato all'oscurità annuncia pericoli imminenti, disinganni amorosi e incidenti. Può anche indicare un senso di ansietà di chi sogna.

PIRAMIDE: sognare di scalare una piramide fino alla cima annuncia fortuna e riconoscimenti.

PISCINA: questo sogno può segnalare il desiderio di un rapporto affettivo. Se nel sogno l'acqua della piscina è limpida, amore e prosperità; se invece è putrida, disgrazie. Una piscina vuota può preannunciare povertà o la fine di un rapporto d'amore o di amicizia. Sognare di nuotare sul fondo di una piscina può indicare sentimenti o situazioni soffocanti che non si riescono a risolvere.

PISELLI: sognare piselli indica una condizione attuale modesta ma anche situazioni di solitudine.

PISTOLA: simbolo di potere e supremazia, a volte questo sogno può annunciare falsi benefici. Sognare una pistola carica può indicare l'intenzione di nuocere a qualcuno. Sognare di sparare indica collera causata da una brutta notizia. Mirare a un bersaglio e centrarlo annuncia la realizzazione dei propri progetti.

PIUMA: sognare una piuma bianca annuncia serenità; nera, tristezza e cattivi affari; gialla, dispiaceri; verde, afflizione. Vedere in sogno volare alcune piume, gioia e desideri che si realizzano.

POLIZIOTTO: questo sogno avverte di prestare maggiore attenzione alle leggi o alla propria coscienza.

POLPO: questo sogno avverte che una persona che non amiamo sta cercando di renderci la vita impossibile.

POLTRONA: sognare di starvi seduti augura benessere e soddisfazioni. Sognare di alzarsi da una poltrona preannuncia perdita di credito e fiducia. Far alzare qualcuno da una poltrona, un abuso commesso.

POLVERE: sognare mobili polverosi preannuncia dissidi e

progetti non intrapresi o andati in fumo. Sognare di essere impolverati può preannunciare fortuna in amore.

POMPIERE: indica sicurezza e benessere in famiglia. Sul lavoro si potrebbe ottenere un premio.

PONTE: attraversare in sogno un ponte è segnale di prove: se lo si supera, i risultati sono garantiti. Se si tratta di un ponte rotto, il consiglio è quello di controllare la propria salute. Sognare un ponte levatoio aperto può indicare voglia di avanzamento e la scoperta di un segreto o di qualcosa di nuovo. Chiuso, invece, può consigliare di non procedere nei propri intenti.

PORTA: aprire una porta in sogno indica buona riuscita. Se è chiusa è segno di litigi e solitudine. Sognare di chiuderla in faccia a qualcuno indica la propria mancanza di disponibilità verso gli altri. Dipingere una porta può presagire un trasferimento o un cambiamento di lavoro. Se nell'edificio in cui ci troviamo in sogno non troviamo la porta d'entrata, stiamo attraversando un periodo ansioso caratterizzato da un conflitto interiore tra desiderio e paura di affrontare le situazioni.

PORTAFOGLIO: trovare un portafoglio pieno di soldi fa presagire uno scarso profitto; vuoto, al contrario, lauti guadagni.

PORTINAIO: segnale di maldicenze e pettegolezzi.

PORTO: buone notizie se si sogna di entrare in un porto. Questo sogno può anche preannunciare un'eredità inattesa.

POVERO: sognare un povero può segnalare a chi non ha una condizione economica agiata prosperità e una prossima eredità. Se nella realtà invece si è ricchi, perdite economiche.

POZZANGHERA: sognare di saltare una pozzanghera o vedere una strada piena di pozzanghere preannuncia guai e inganni che verranno evitati. Mettere i piedi in una pozzanghera consiglia di fare attenzione a un affare che ci è stato proposto.

POZZO: sognare di tirar su acqua da un pozzo è presagio positivo che indica possibilità di realizzazione e può anche annunciare un matrimonio. Sognare di cadere in un pozzo segnala situazioni difficili o addirittura umilianti che ostacolano la propria realizzazione. Può anche segnalare uno stato di depressione e di malessere. Calarsi in un pozzo può far presagire un lungo viaggio.

PRATO: sognare un prato indica un periodo sereno e di benessere.

PRECIPIZIO: sognare di precipitare da una grande altezza indica situazioni non chiare, perdite di denaro, pericoli e slealtà. Veder cadere in un precipizio un amico indica che potrebbe avere bisogno di noi. Cadere da luoghi elevati può essere un avvertimento a non rischiare, a valutare bene le situazioni e in alcuni casi a impegnarsi di più. In generale indica angoscia legata alla paura di subire perdite.

PRESTIGIATORE: questo sogno consiglia di fare attenzione a parenti o amici che potrebbero approfittarsi della nostra disponibilità.

PRETE: per la tradizione gitana sognare un prete è di cattivo auspicio. Questo sogno può preannunciare dissidi e critiche.

PREZZEMOLO: se si sogna di raccogliere del prezzemolo si preannunciano false speranze.

PRIMAVERA: annuncia felicità, nuove speranze e il superamento di una crisi.

PRINCIPALE: questo sogno indica che forse ci si sente poco autonomi. Sognare il proprio capo sul lavoro può prevedere un cambiamento positivo.

PRINCIPE/PRINCIPESSA: in sogno possono preannunciare persone infide, presuntuose e autoritarie.

PROFUMO: sognare di profumare, buone notizie in arrivo e amicizie. Se il sognatore è una donna, può indicare desiderio di sopraffare il partner.

PROIETTILE: questo sogno indica che si potrebbe incorrere in un grave pericolo o in una malattia.

PROMESSA: fare una promessa in sogno significa dare false illusioni; ricevere una promessa indica un mancato aiuto. Una promessa di matrimonio presagisce screzi di coppia.

PROSCIUTTO: sognare di affettarlo può indicare molti sforzi per ottenere pochi risultati.

PROSTITUTA: sognare una prostituta annuncia un periodo di mortificazione, forse a causa di un rapporto troppo superficiale.

PROTESTA: protestare in sogno indica opporsi a un sopruso; accogliere una protesta, invece, dare il nostro aiuto a qualcuno.

PRUGNA: sognare prugne mature annuncia buoni risultati e buonumore; se acerbe, disillusioni. Mangiarle in sogno indica sentimenti di rabbia.

PRURITO: sentire prurito alle gambe in sogno segnala guai in arrivo; se il prurito è alle braccia, sperpero di denaro. Prurito alla mano destra può indicare una vincita, mentre a quella sinistra, debiti che devono essere pagati in breve tempo.

PUGNALE: è simbolo di aggressività e anche di separazione. Questo sogno può indicare dolori familiari e avverte di essere prudenti. Sognare di venire pugnalati indica che si potrebbe essere oggetto di progetti che potrebbero risultare negativi per noi.

PUGNO: colpire con un pugno preannuncia umiliazioni, tristezza e preoccupazioni, forse sul lavoro. Essere colpiti da un pugno prevede una notizia inaspettata o una visita gradita.

PULCE: segnale di complicazioni e gelosia. Se si sogna di venir morsi dalle pulci, guadagni.

PURGA: sognare di prendere una purga vuol dire che presto riusciremo a porre fine alle calunnie e alle nostre preoccupazioni.

Q

QUADRATO: il quadrato indica concretezza e capacità di affrontare le situazioni.

QUADRIFOGLIO: il quadrifoglio è ritenuto fin dall'antichità un amuleto portafortuna. Sognarlo è un buon presagio e può preannunciare notizie in arrivo. Sognare di regalarlo, incertezze.

QUADRO: in sogno il quadro indica introspezione. Un bel quadro di valore preannuncia benessere e la possibilità di ottenere una buona posizione. Se raffigura una scena di dolore è presagio di tristezza. Antico, garantisce tranquillità anche economica. Sognare molti quadri indica trasformazione e può anche preannunciare nuova prole. Sognare di dipingere un quadro porta nuove amicizie. Restaurarlo, rapporti che si riallacciano.

QUERCIA: la quercia è simbolo di forza e sognare una grande quercia denota fiducia in se stessi, amore libero da insidie e lunga vita. Sognare una quercia da sughero promette allegria.

R

RADERSI: radersi in sogno presagisce dissesto finanziario e perdita di forza fisica; farsi radere in sogno da qualcun altro preannuncia che tutto andrà per il meglio.

RADICI: vedere in sogno delle radici preannuncia dissidi e legami difficili. Sognare di tagliare delle radici può indicare la necessità di chiudere un rapporto ormai logoro.

RAGNATELA: la ragnatela indica la qualità dei legami e dei rapporti con gli altri. Sognare una ragnatela può indicare progetti che per il momento è meglio accantonare. Questo sogno consiglia di ascoltare i consigli delle persone più anziane.

RAGNO: il ragno è simbolo della psiche più profonda e può associarsi ai sentimenti di angoscia e ai conflitti di chi sogna. Sognare un ragno che sta tessendo la sua tela può annunciare calunnie e maldicenze. Sognare di ucciderlo può preannunciare una possibile perdita di denaro. Se lo si sogna nel proprio letto, eventi improvvisi negativi o positivi. Sognare che si rintana può rappresentare problemi che si vogliono nascondere anche a se stessi.

RAME: sognare oggetti in rame preannuncia successo nell'arte e alcune situazioni ancora in sospeso.

RAMO: se si sognano rami verdi otterremo l'appoggio desiderato e si preannuncia felicità. Secchi invece prevedono maldicenze. Sognare rami a terra, tagliati, può indicare che i nostri progetti non si realizzeranno in breve tempo. Un ramo carico di frutti è di buon auspicio, soprattutto per la famiglia. Raccoglierne i frutti, buone notizie e forse un'eredità. Rompere un ramo in sogno preannuncia rischi.

RANA: la rana è simbolo di vitalità e promette buone entrate economiche e successo. Può anche indicare pettegolezzi.

RAPA: questo sogno annuncia lieti eventi ma pochi profitti.

RE/REGINA: spesso rappresentano i genitori di chi sogna. Sognarli presagiscono aiuto, ma non vera e propria felicità.

RECINTO: sognare un recinto preannuncia ostacoli; sognare di romperlo segnala la possibilità di superarli e di sentirsi meno soli.

RECITARE: sognare di recitare indica ambizione e prospetta buone notizie. Sognare di dimenticare la propria parte può invitare a cercare in noi quali siano i nostri veri desideri.

REGALARE/REGALO: il dono nel sogno può indicare rimorso e volontà di migliorare e di non ripetere gli errori del passato. Sognare di ricevere un regalo può indicare un desiderio che si avvera e segnalare l'arrivo di un aiuto. Sognare di fare un regalo, periodo favorevole per la vita di coppia.

REGGIMENTO: vederlo sfilare in parata annuncia piacevoli novità.

RELIQUIA: ci avverte di fare attenzione ai propri segreti e a comportarsi con riservatezza.

REMARE: indica di andare per la propria strada senza troppi timori.

RETE: è un sogno che consiglia di agire con cautela per non trovarci in qualche imbroglio, anche d'amore. Sognare di restare impigliati in una rete da pesca può annunciare un amore in vista.

RETTILE: questo sogno consiglia di fare attenzione ai falsi amici che attentano al nostro onore e prestigio. Catturare un rettile in sogno indica che verranno smascherati degli inganni.

RICAMARE: sognare di ricamare presagisce riconoscimenti solo se si avrà la pazienza di aspettare e non si peccherà di presunzione.

RICCHEZZA: questo sogno ha un significato negativo: si preannunciano difficoltà economiche.

RIDERE: sognare di ridere segnala situazioni di solito positive, risoluzione di problemi e benessere, ma può anche indicare il risentimento che si prova verso una persona.

RINOCERONTE: il rinoceronte è simbolo di caparbietà e sognarlo assicura aiuto e successo nel lavoro. Se inferocito, meglio fare attenzione a un pericolo.

RISO: sognare di piantare, raccogliere, mangiare o comperare del riso è indizio di guadagni e di buona salute. Offrire un piatto di riso significa che presto qualcuno ci offrirà il suo appoggio.

RISVEGLIO: sognare di svegliarsi bruscamente può preannunciare inconvenienti e indica il desiderio di sfuggire ai doveri.

RITARDO: sognare di arrivare in ritardo esprime un conflitto interiore tra il senso del dovere e i propri desideri.

RITRATTO: preannuncia una vita lunga e fortunata. Sognare di regalarlo a qualcuno è segno di tradimento da parte degli amici. Questo sogno preannuncia difficoltà e tristezza per un aiuto non concesso.

ROCCIA: questo sogno preannuncia affanni e fatiche.

ROMPERE: sognare di rompere qualcosa è in generale un cattivo presagio, ad esempio rompere un ramo presagisce rischi; un oggetto di porcellana, sfortuna; rompere delle uova, poco impegno negli affari; uno specchio, impulsività; una corda, problemi familiari; un bicchiere, cattiva sorte. In alcuni casi invece questo sogno è positivo: rompere delle uova per cucinare consiglia di prepararsi a un'impresa che risulterà fruttuosa; rompere una bottiglia fa presagire un'eredità; una catena, molta fatica nel lavoro ma con buoni risultati.

RONDINE: la rondine è simbolo di sentimenti e preannuncia fortuna per chi è innamorato. Sognare di vederla volare annuncia l'arrivo di notizie o la visita da parte di un parente o di un amico lontano. Una rondine morta in sogno può presagire delusione e perdita di speranze.

ROSA: la rosa è simbolo di perfezione, bellezza, successo e dolcezza. Sognare un bocciolo di rosa indica sincerità in amore; se appassita, infelicità e delusione. Sognare di cogliere una rosa può indicare qualcosa di positivo o di negativo in arrivo, forse anche matrimonio. Sognare rose bianche può indicare un amore ancora immaturo. Sognare di donare o ricevere rose indica dolcezza e un rapporto gratificante. Sognare una rosa recisa e gettata via può indicare l'improvvisa rottura di una relazione.

ROSPO: sognare rospi è presagio di agitazione, problemi familiari e cattivi affari.

ROTTAME: questo sogno è indizio di sofferenza e perdite.

ROVINE: sognare delle rovine indica un periodo non troppo positivo che può migliorare.

ROVO: sognare di ferirsi con le spine del rovo indica sofferenza e dispiaceri a causa di infedeltà in amore.

RUBARE: sognare di rubare può indicare problemi anche piuttosto seri; se invece è il sognatore ad essere derubato, riconoscimenti e miglioramenti.

RUBINO: il rubino in sogno segnala successo e doni inaspettati.

RUGA: sognare il proprio volto rugoso indica sofferenze se chi sogna è giovane. Segnale positivo invece sognare rughe sul volto di altri.

RUGIADA: sognare della rugiada porta un miglioramento progressivo.

RUOTA: la ruota è simbolo di continuità. Annuncia prosperità e fortuna se si tratta della ruota di un'automobile da corsa. Se rotta, delusione.

RUSCELLO: sognare un ruscello dall'acqua limpida è un ottimo segno, anche per il lavoro, ma se l'acqua è torbida si preannunciano disgrazie e malattie.

S

SABATO: è un ottimo presagio: significa che i propri sogni si realizzeranno in brevissimo tempo.

SABBIA: la sabbia è simbolo di instabilità, incertezza, dubbio. Sognare di passeggiare a piedi nudi sulla sabbia significa che riceveremo una notizia sgradita. Questo sogno consiglia prudenza.

SALAMANDRA: questo sogno indica che riceveremo aiuto grazie alla nostra rettitudine.

SALAME: questo sogno ha vari significati: se chi sogna è giovane, può preannunciare amore; se chi sogna è anziano, buona salute. Può però anche significare cattive compagnie e qualcuno che non ci è amico. Sognare di mangiare del salame consiglia di non dare peso a un episodio che ci ha portato malumore.

SALE: il sale rappresenta la saggezza ma anche l'amarezza. Mangiarlo in sogno può indicare prove sgradite. Se si trova nella saliera è di buon auspicio. Raccoglierlo indica pace e benessere, mentre farlo cadere, guai.

SALICE: annuncia una vecchiaia tranquilla e felice ma nel breve periodo indica sofferenza a causa di una persona cara che potrebbe voler troncare il suo rapporto con noi.

SALIRE: come scalare, questo sogno rappresenta simbolicamente l'atto sessuale. Sognare di salire indica volontà di superare un ostacolo che abbiamo davanti e predice realizzazione.

SALIVA: la saliva nei sogni è simbolo erotico.

SALSICCIA: sognare della salsiccia può indicare amicizie deludenti; sognare di mangiarla cotta può essere indizio di aumento dei propri beni materiali.

SALTARE: saltare in sogno indica inimicizie. Questo sogno consiglia di valutare i rischi prima di azzardare qualcosa di nuovo.

SALUTARE: questo sogno può significare il desiderio di riappacificarsi con qualcuno e può annunciare la risoluzione di qualcosa di pericoloso.

SALVARE: sognare di essere salvati da qualcuno o salvare indica il desiderio di esprimere il proprio amore e la propria considerazione.

SANDALI: indossare in sogno un paio di sandali nuovi indica la presenza di una persona disposta ad aiutarci, benessere e riuscita. Se nel sogno i sandali sono bucati indicano insicurezza; sognare di infilarli può preannunciare un viaggio.

SANGUE: il sangue si lega alla vita e quindi anche alla morte. Vedere del sangue in sogno è di buon auspicio. Perdere sangue nei sogni può invece indicare stanchezza, perdita di vitalità e crisi. Per una donna sognare sangue mestruale può indicare l'accettazione di se stessa e maturità, mentre se è un uomo a sognarlo, sentimenti di disgusto per qualcosa della sua vita reale.

SAPONE: periodo di problemi e difficoltà che potranno essere superati con nuovi atteggiamenti e guardando agli errori del passato.

SARTO: sognare un sarto può indicare difficoltà economiche.

SCALA/SCALARE: la scala rappresenta la connessione fra le varie parti dell'essere. Secondo l'interpretazione psicoanalitica freudiana, sognare di scalare o di salire una scala è la rappresentazione simbolica dell'atto sessuale. Questo sogno è indice di desiderio di successo e può indicare ascesa nel campo lavorativo. Sognare di scenderla invece può annunciare delusioni e difficoltà. Sognare una scala a chiocciola indica ricerca di elevazione spirituale.

SCACCHI: sognare di giocare a scacchi può preannunciare una lite.

SCARABEO: simbolo di buon auspicio, indica miglioramento in ogni campo.

SCARAFAGGIO: lo scarafaggio in sogno indica paura e consiglia riflessione.

SCARPE: le scarpe sono simbolo della sessualità femminile. Sognarne di nuove o eleganti presagisce l'arrivo di buone notizie e di benefici. Vecchie, strette o inadeguate, invece, indicano insoddisfazione, anche sessuale. Sognare di perdere le scarpe è di cattivo auspicio e indica ansia.

SCATOLA: è simbolo della sessualità femminile. Sognare una scatola può presasige una relazione sentimentale e fortuna. Se si sogna di aprirla, guai in vista. Una scatola rotta, delusioni.

SCAVARE: sognare di scavare indica impegno e costanza che verranno premiati.

SCETTRO: sognare di tenere uno scettro in mano presagisce gloria ma anche prepotenza; se invece si sogna che a tenere uno scettro è qualcun altro, miglioramenti solo con un aiuto.

SCHELETRO: è annuncio di cambiamento radicale.

SCHIUMA: se la sensazione provata nel sogno è piacevole, le nostre aspirazioni più profonde si compiranno presto. Se invece si sogna schiuma viscida che disgusta, momento di confusione in cui è bene ricercare le cause del proprio malessere.

SCIABOLA: segnale di discussioni con persone che non ci sono amiche e pericoli. Sognare di battersi con la sciabola indica determinazione nelle proprie idee.

SCIALLE: sognare uno scialle pulito indica buona compagnia e appoggio da parte di un amico. Sporco, invece, è presagio di dolori. Di colore rosso può presagire liti nella coppia; nero, lutto.

SCIMMIA: la scimmia è simbolo di inaffidabilità. Questo sogno indica inganno e slealtà, anche del sognatore stesso.

SCINTILLA: può annunciare cambiamento positivo grazie a un'iniziativa che avrà buon esito.

SCIROPPO: indica salute malferma.

SCIVOLARE: sognare di scivolare indica arrendevolezza per paura di affrontare situazioni impreviste. Questo sogno può preannunciare situazioni di pericolo. Sognare di scivolare sul ghiaccio può preannunciare gioie effimere.

SCOGLIO: sognare degli scogli indica sforzi inutili e stanchezza. Sognare di salire su uno scoglio con facilità indica che i propri problemi si risolveranno.

SCOIATTOLO: uno scoiattolo in sogno può preannunciare abbondanza ma consiglia di fare delle rinunce per ottenere successo e ricchezza.

SCOMMESSA: questo sogno avverte di fare attenzione a non commettere leggerezze che potrebbero avere serie conseguenze.

SCONOSCIUTO: sognare uno sconosciuto è ottima riuscita nel lavoro e negli affari.

SCOPA: questo sogno consiglia di fare attenzione alle maldicenze.

SCORPIONE: lo scorpione rappresenta il sesso passionale e l'istinto. Può esprimere il bisogno di difendersi e il bisogno di protezione.

SCOTTARSI: sognare di scottarsi indica una situazione spiacevole, ma anche una grande attrazione.

SCRIGNO: sognare uno scrigno vuoto indica sacrifici, ma se in sogno non si riesce a vederne il contenuto, felicità nella coppia.

SCRIVERE: scrivere in sogno, soprattutto se una lettera, annuncia novità gradite.

SCUDO: lo scudo in sogno simboleggia il desiderio di protezione e la mancanza di coraggio. Consiglia di chiedere aiuto.

SCUOLA: questo sogno porta all'infanzia e può segnalare senso di disagio e di non sentirsi all'altezza delle situazioni. Presagisce la possibilità di realizzare i propri programmi solo con molti sforzi e con impegno personale.

SCURE: sognare una scure indica che si sta vivendo un amore arido. Questo sogno può preannunciare pericoli e persone di cui diffidare. Sognare di tagliare della legna con una scure può indicare la necessità di provvedere alla propria famiglia.

SECCHIO: sognare un secchio vuoto può annunciare una perdita; pieno, guadagni.

SEDIA: sognare di essere seduti è segno di prestigio, serenità e mutamento. Vedere molte sedie ammucchiate indica tranquillità e riposo.

SEGRETO: sognare che qualcuno ci confida un segreto indica sofferenza e presagisce sfortuna.

SEME/SEMINARE: sognare semi è segno di pace e prosperità. Se si sogna di seminare, questo sogno consiglia di seminare. Se si sogna che gli uccelli beccano dei semi, possono verificarsi perdite economiche.

SEMINARIO: questo sogno annuncia falsità e tradimenti da parte di amici o parenti.

SENO: se chi sogna è una donna, sognare un seno abbondante può annunciare matrimonio, prosperità e gravidanza. Se a sognare è un uomo, invece, malattia e contrarietà. Se si tratta di un seno cadente, comportamenti poco corretti nei nostri confronti. Sognare un seno ferito indica sentimenti feriti e legami interrotti.

SENTIERO: questo sogno rappresenta le scelte. Sognare un sentiero ripido o tortuoso indica qualche difficoltà; se piano, buon andamento del cammino intrapreso o che si vuole intraprendere.

SEPOLCRO/SEPOLTURA: questo sogno può preannunciare un incidente ma anche lunga vita e onori. Vedere in sogno un amico in un sepolcro può indicare che ha bisogno del nostro aiuto.

SERENATA: sognare di sentire una serenata annuncia gelosia tra innamorati e delusioni.

SERPENTE: il serpente è presente in miti, leggende e culture orientali come simbolo di vita, nascita e rinascita. Sognare un serpente ha vari significati a seconda di come appare in sogno: ad esempio ha significato positivo se ha un aspetto benevolo, ma se si sogna che si avvolge attorno al nostro corpo può annunciare reclusione in carcere o permanenza in ospedale. Sognare un serpente giallo o nero può mettere in guardia da falsità. Ucciderlo in sogno preannuncia trionfo. Sognare che cambia pelle può indicare rinnovamento e rigenerazione.

SESSO: vi è molta differenza se chi sogna è un uomo o una donna. Ad esempio per le donne i sogni di sesso sono più legati al romanticismo e alla dolcezza. Sogni di questo tipo indicano trasformazione, non solo nella coppia ma anche nell'arte e nella creatività.

SETE: la sete in sogno indica ambizioni personali. Se la sete non viene soddisfatta, ci attendono dispiaceri e sfortuna, ma se invece nel sogno ci si disseta con acqua fresca e chiara, si otterranno le gratificazioni che aspettavamo. Dissetarsi con acqua calda o putrida invece indica qualche problema di salute.

SGOZZARE: se si sogna di essere sgozzati si subirà un torto o un inganno ma tutto si risolverà, grazie forse proprio all'aiuto della persona che in sogno ha compiuto il gesto.

SIEPE: sognare una siepe indica ostacoli che però ci renderanno più forti. Questo sogno consiglia di accontentarci di ciò che abbiamo.

SIGARETTA: il significato di questo sogno dipende se nella realtà il fumo piace o disgusta. In generale accendere una sigaretta in sogno può indicare successo negli affari; spegnerla invece indica il contrario.

SIRENA: questo sogno indica false amicizie. Consiglia di fare attenzione a chi ci sta intorno.

SMERALDO: è presagio positivo ma può anche indicare pazienza e attesa.

SOFFIARE: sognare di soffiare annuncia dicerie.

SOFFITTA: questo sogno può indicare un pericolo e consiglia di riflettere e sviluppare le proprie potenzialità. Trovarsi in una soffitta con un'altra persona indica amore profondo.

SOGNARE: sognare di sognare può indicare che nella realtà si sta sottovalutando un problema.

SOLDATO: sognare soldati feriti può preannunciare debolezza, anche sessuale. Sognare di essere inseguiti dai soldati, delusioni. Se si tratta di un battaglione, questo sogno può presagire un trasferimento. Ostacoli se si sogna un soldato in fuga. Se pronto alla battaglia, aiuto per risolvere una situazione contingente.

SOLE: il sole è sorgente di calore, di luce e di vita e fin dall'antichità è simbolo di ricchezza, riconoscimenti e soddisfazioni, ma anche di aridità e distruzione Se il sognatore è malato non tarderà a recuperare la salute. Sognare un sole violento che batte sulla propria casa può far presagire un incendio o febbre alta.

SONNO: anche se la situazione ora è tranquilla, sognare di avere sonno indica una futura lite in famiglia.

SOPRACCIGLIA: più appaiono folte in sogno, più questo sogno è di buon auspicio, anche per gli aiuti che si possono ricevere. Rade o che cadono, qualche notizia spiacevole in arrivo.

SORDO: questo sogno indica difficoltà ad ascoltare gli altri e di accettare i consigli.

SORELLA: sognare la propria sorella è segno positivo per il futuro ma può segnalare al momento una situazione di disagio e di poca soddisfazione.

SOTTERRANEO: indica difficoltà a rapportarsi con il mondo esterno. Se si sogna un sotterraneo senza uscita, si sta attraversando un momento critico. Sognare di uscirne indica realizzazione e coraggio. Nascondersi in un sotterraneo perché si è inseguiti indica un pericolo scampato.

SPADA: sognare di impugnarla è segno di buona riuscita e di prosperità. Sognare di battersi indica determinazione nelle proprie idee e desiderio di vittoria. Questo sogno può indicare anche inimicizia.

SPALLE: sognare spalle larghe rappresenta una grande capacità a portare a termine i progetti ma anche tendenza a peccare di presunzione. Se strette o curve, fragilità e scoraggiamento.

SPARVIERO: vederlo in sogno ci avverte di fare attenzione a qualcuno che cerca di attentare al nostro denaro.

SPAZZOLA: sognare di spazzolare i propri abiti indica un errore su cui dobbiamo riflettere; spazzolare gli abiti a qualcun altro, allontanamento di una persona cara.

SPECCHIO: lo specchio indica verità anche di sentimenti. Generalmente sognarlo è di cattivo auspicio; riflettervi la propria immagine può indicare un'eccessiva concentrazione su se stessi e possibile presagio di falsità e tradimento. Sognare di rompere uno specchio volontariamente può segnalare cocciutaggine e impulsività. Sognare uno specchio rotto, situazioni confuse. Sognare di guardarsi allo specchio ma non vedere la propria immagine riflessa, difficoltà a vedere realmente le situazioni e di valutare se stessi e gli altri.

SPEZIE: le spezie in sogno simboleggiano avarizia.

SPETTACOLO: assistere in sogno a uno spettacolo può indicare una nuova amicizia ma può anche annunciare guai in famiglia in futuro.

SPIAGGIA: sognare una spiaggia di sabbia può indicare incertezze; se di sassi, piccoli inconvenienti. Questo sogno consiglia prudenza. Sognare di vedere il mare dalla spiaggia può preannunciare un viaggio.

SPIGA: le spighe rappresentano fertilità e in sogno sono di buon augurio.

SPILLO/A: questo sogno non è di buon auspicio: può indicare che qualcuno potrebbe causarci dispiaceri. Pungersi con uno spillo annuncia lievi disaccordi.

SPINA: sognare delle spine annuncia maldicenze e guai con i propri vicini. Pungersi con una spina potrebbe anche presagire la perdita dell'impiego o disavventure sul lavoro.

SPUGNA: questo sogno consiglia di modificare il nostro atteggiamento e di non accettare le provocazioni se non vogliamo subire gravi conseguenze.

SQUALO: questo sogno avverte di fare attenzione alle possibili minacce di qualcuno che ci è vicino.

STAGNO: sognare uno stagno con acqua limpida preannuncia regali e riconoscimenti; se invece l'acqua è sporca o torbida, disinganni e contrarietà.

STALLA: sognare una stalla vuota indica false amicizie; se piena, abbondanza.

STAMPELLE: se a camminare con le stampelle è chi sogna, miglioramenti progressivi anche se non immediati; se qualcun altro, buona sorte.

STANZA: questo sogno rappresenta l'ambiente circostante, quindi se la sensazione in sogno è piacevole indica serenità; se si tratta di stanze che richiamano alla propria infanzia, indicano bisogno di protezione nelle situazioni che si stanno vivendo. Se si tratta di una stanza che non si conosce, può rappresentare il trasferimento in un paese straniero.

STATUA: sognare una statua di nudo di donna indica desiderio e può preannunciare successi ma anche inganni.

STAZIONE: sognare di arrivare a una stazione presagisce la realizzazione di ciò che si è intrapreso. Può anche preannunciare una visita inaspettata o un viaggio improvviso.

STECCATO: sognare di superare uno steccato può preannunciare la possibilità di risoluzione di un problema. Se si sogna uno steccato rotto, è meglio fare attenzione al denaro.

STELLE: indicano felicità, amore, prosperità e denaro, soprattutto se si sogna di avere impressa sulla fronte una stella luminosa. Sognare una stella cadente è presagio di sventura e di perdita di speranza. Una stella cometa in sogno indica un evento importante.

STIVALI: sognare stivali logori preannuncia un viaggio faticoso. Se stretti, inganni. Se comodi, benessere. Se nuovi, delusioni.

STOVIGLIE: le stoviglie in sogno assicurano vita serena. Se si tratta di stoviglie d'argento, questo sogno consiglia di essere meno presuntuosi.

STRACCIO: gli stracci in sogno rappresentano la superficialità, ma se si sogna di lavarli, buona amministrazione del proprio denaro.

STRADA: la strada in sogno rappresenta la vita: una strada diritta indica felicità e allegria; un cammino tortuoso o sassoso, sventura; a zig zag, ansia e disagio. Sognare di camminare per una strada che appare senza fine significa che ci vorranno molti sforzi per realizzare i propri progetti. Se la strada è invece pulita e larga, i nostri problemi si risolveranno in fretta e in modo più che soddisfacente.

STRANIERO: è simbolo di pace, amore e buoni affari.

STRAPPARE: questo sogno prevede competizione che può causare sofferenza.

STREGA/STREGONE: sognare una strega o uno stregone è di buon auspicio ma può anche indicare sottomissione a una figura che ha molta influenza su di noi. Questo sogno consiglia di fare attenzione a possibili imbrogli.

STUDIARE: sognare di studiare predice felicità.

STUFA: sognarsi al caldo davanti a una stufa garantisce una vecchiaia felice, mentre se si sogna una stufa spenta, ristrettezze.

SUDARIO: è un sogno di cattivo augurio che può annunciare una cattiva notizia, forse una morte.

SUICIDIO: sognare il proprio suicidio indica poca autostima e preannuncia sfortuna e contrattempi.

SUOCERO/A: sognare la propria suocera o il proprio suocero può preannunciare buoni consigli, utili per superare le difficoltà del momento.

SUORA: se si sogna di essere una suora potrebbero essere in arrivo nuove passioni. Questo sogno per un uomo può preannunciare un tradimento.

T

TABACCO/TABACCHIERA: sognare di fumare indica successo. In sogno una tabacchiera vuota può preannunciare situazioni che provocano rabbia.

TACCHINO: vedere in sogno un tacchino presagisce seccature, pettegolezzi e commenti antipatici. Benessere se arrosto.

TACCUINO: annuncia allegria e appuntamenti importanti, anche mondani.

TAGLIARE: il significato di questo sogno varia a seconda dell'oggetto che in sogno viene tagliato: se ad esempio capelli, difficoltà; se stoffa, felicità poco duratura; se carta, riappacificazione; tagliare con un coltello indica rompere un'amicizia; tagliare con le forbici, chiacchiere; tagliare delle radici, troncare un rapporto ormai esaurito; tagliare legna, necessità di provvedere alla famiglia; tagliarsi le unghie consiglia di limitare le spese.

TALPA: questo sogno indica in generale poca sincerità e preannuncia che affari economici o di cuore verranno svelati. Se nella realtà è previsto un matrimonio, questo potrebbe essere celebrato con poca convinzione.

TAMBURO: sognare un tamburo può indicare litigi, forse a causa di un oggetto, oppure l'arrivo di una notizia, forse un invito.

TANA: la tana simboleggia il focolare domestico. Questo sogno preannuncia felicità in famiglia.

TARTARUGA: sognare una tartaruga indica conoscenza profonda del proprio partner, mentre preannuncia ritardi negli affari.

TASCA: questo sogno indica un carattere taciturno e insoddisfatto. Se si sogna una tasca piena, volontà di aprirsi agli altri e fortuna al gioco, ma se è vuota indica insoddisfazione e forse un segreto.

TAVOLO: se chi sogna un tavolo imbandito non ha effettivamente fame, questo sogno può presagire abbondanza o sensualità. Se sul tavolo invece non vi è cibo, poco affetto in famiglia.

TAZZA: indica tranquillità e profitti; romperla in sogno, guai e danni.

TÈ/TEIERA: bere del tè in sogno può annunciare contrarietà ma anche un invito galante. Sognare una teiera indica maldicenze.

TEATRO: questo sogno può preannunciare una nuova conoscenza che potrebbe anche risultare negativa. Sognare di recitare in un teatro indica ambizione e buone notizie.

TEGOLA: vedere delle tegole in sogno indica un evento

inaspettato positivo. Sognare che una tegola ci cade in testa, sventure. Tegole rotte, sacrifici.

TELEFONARE/TELEFONO: questo sogno indica comunicazione e contatto. Sognare di installare in casa propria un telefono indica che tutti nostri progetti sono sulla strada giusta. Questo sogno può essere anche ricorrente nel caso di un lutto recente. Se si sogna di telefonare e non risponde nessuno si può presagire la rottura di un'amicizia o con il partner. Se nel sogno abbiamo dimenticato il numero o l'apparecchio è guasto, potremmo essere vittime di una truffa o avere difficoltà di intesa quotidiana con chi ci sta intorno. Sognare di parlare al telefono può anche rammentarci di non aver portato a termine qualcosa. Ricevere una telefonata in sogno preannuncia la possibilità di aiuto da parte di amici.

TELEVISIONE: tristezza e delusione per false promesse. Spenta annuncia grosse soddisfazioni.

TEMPESTA: trovarsi in sogno nel bel mezzo di una tempesta segnala pericolo imminente. Questo sogno può indicare sentimenti di rabbia e di aggressività, oppure un periodo di passaggio in cui si verificano grandi cambiamenti.

TEMPIO: sognare un tempio è annuncio di morte o di matrimonio sfortunato.

TEMPORALE: sognare un temporale indica ostacoli e timore ad affrontare situazioni che si ritengono troppo complicate. Se il temporale si manifesta con tuoni e fulmini presagisce la risoluzione dei litigi e delle controversie che ci facevano sentire impotenti.

TENAGLIA: questo sogno indica un grande amore verso il proprio partner.

TENDA: sognare una tenda di colore chiaro può indicare un amore felice; se scura invece antipatia. Se le tende che si vedono in sogno sono tirate, denotano false apparenze; se aperte, sincerità e onestà. Sognare una tenda da campeggio suggerisce prudenza e può preannunciare un viaggio.

TERMOMETRO: può annunciare malattia ma anche litigi in famiglia.

TERRA: la terra è simbolo di appartenenza e sicurezza. Sognare della terra può preannunciare cambiamento, anche in amore, positivo se si sogna terra fertile, negativo se si sogna terra arida.

TERREMOTO: il terremoto indica cambiamenti. Può presagire la rovina negli affari e possibile disoccupazione. Se distrugge molti edifici potrebbe anche annunciare la morte di una persona cara.

TESCHIO: questo sogno presagisce l'arrivo di cattive notizie e consiglia cautela.

TESORO: cercare in sogno un tesoro senza trovarlo indica affanni e sforzi per realizzare i propri progetti. Se si sogna di cercarlo e di trovarlo, disillusioni a causa di una falsa amicizia. Trovarlo per caso, invece, vita serena. Sognare di seppellirlo indica un segreto che custodiamo.

TESSERE/TESSUTO: in generale l'atto del tessere presagisce prosperità, ma veder tessere può significare che presto potremmo essere vittime di calunnie da parte di falsi amici. Tagliare del tessuto in sogno presagisce felicità poco duratura. Se si tratta di un tessuto grezzo si preannunciano guadagni.

TESTA: è un sogno che indica un carattere meditativo, cauto. Sognare di avere la testa più grande del normale è di buon auspicio per denaro e riconoscimenti ma può anche indicare pensieri invadenti che distolgono dalle cose materiali; se più piccola invece preannuncia guai in arrivo.

TESTAMENTO: fare testamento in sogno può presagire cattive notizie e contrarietà.

TETTO: in generale questo sogno è di buon auspicio per i propri progetti, ma se si sogna di cadere o di scivolare da un tetto si preannunciano affari che vanno male e disgrazie.

TIGRE: la tigre è simbolo di aggressività. Il sogno è di cattivo auspicio se si sogna di combattere una tigre e di non riuscire a ucciderla, mentre si preannunciano soddisfazioni nel caso la si sconfigga.

TINGERE: generalmente questo sogno annuncia l'arrivo di buone notizie, soprattutto per quanto riguarda la famiglia, ma non ancora buoni guadagni.

TOMBA: trovarsi in una tomba in sogno presagisce una vita lunga ma non tanto fortunata economicamente. Sognare di scavare la propria fossa può preannunciare invece fortuna in amore e possibile matrimonio.

TOPAZIO: questo sogno preannuncia amicizie sincere e tranquillità.

TOPO: per i gitani il topo è portatore di ricchezza, per altre culture invece i topi sono associati alla stregoneria e al malocchio, oppure portatori di meschinità quali invidia e gelosie. Se li si sogna che rodono, possono rappresentare qualcosa che sfugge o che rode e indicano disguidi e affanno. Se si sogna dei topi inseguiti da un gatto, problemi con una donna. Ucciderli in sogno preannuncia successo. Se si tratta di ratti, il significato diventa più negativo e presagiscono qualcosa che trama nell'ombra. Sognare topi bianchi è meno negativo e possono riferirsi a iperattività di chi sogna.

TORCIA: sognare di avere una torcia accesa in mano indica bei momenti con il partner e contemporaneamente lavoro intrapreso che verrà portato a termine. Questo sogno invita a risvegliare la propria coscienza.

TORO: vedere un toro in sogno indica che presto riceveremo importanti benefici. Sognare di uccidere un toro può portare soddisfazioni. Assistere a una corrida, invece, può presagire una morte.

TORRE: la torre à simbolo di virilità. Sognare una torre alta, ostile, che appare irraggiungibile, può indicare un carattere guardingo, a volte troppo rigido e autoritario, ma anche forza di volontà per portare a termine i propri progetti. Se la torre appare come una prigione, può indicare relazioni soffocanti e difficoltà. Sognare una torre circondata dal verde, serenità con gli altri, ma sognare una torre che crolla, delusioni, paura e necessità di rivedere dall'inizio alcuni progetti.

TORTORA: questo sogno indica perfezione e armonia nella coppia.

TOSSE: questo sogno esprime una grande curiosità che a volte può irritare gli altri. Indica anche chiacchiere e maldicenze.

TOVAGLIA: stesa sulla tavola può preannunciare un prossimo invito e serenità in famiglia. Scuoterla invita a essere più ordinati, soprattutto negli affari.

TRADIMENTO: sognare un tradimento a volte può presagire un inganno ma indicare anche mancanza di autostima e ansia, e quindi tradimento verso se stessi. Questo sogno può anticipare un cambiamento.

TRAM: indica illusioni perdute o frustrate e difficoltà nella guida della famiglia.

TRAMONTO: sognare un tramonto indica un periodo di crescita interiore. Vedere degli uccelli volare verso occidente al tramonto indica che qualcosa a cui si teneva in modo particolare non avrà esito positivo.

TRAPPOLA: questo sogno consiglia di fare attenzione agli inganni e alle truffe.

TRAVE: sognare di spezzare una trave è segno infausto di morte.

TRAVESTIMENTO: travestirsi in sogno può indicare allegria passeggera. Travestirsi da pagliaccio presagisce delle situazioni in cui si agirà con l'inganno.

TREMARE: sognare di tremare indica un periodo caratterizzato da poca fiducia che però ha buone probabilità di cambiare in positivo.

TRENO: il treno è simbolo del viaggio della vita e quindi anche della morte. Questo sogno indica bisogno di potersi affidare agli altri per la soluzione dei propri problemi e la tendenza a delegare le responsabilità. Sognare di perdere il treno segnala una situazione ansiosa, forse data da un cambiamento, in cui si teme di sbagliare o di poter perdere qualcosa di importante. Può significare che è necessario prepararci a cogliere un'occasione al volo. Sognare un treno in marcia indica un periodo attivo e vivace che lascia presagire la realizzazione dei propri desideri; un treno fermo, invece, o un deragliamento, mancanza di interessi e possibili ostacoli.

TRIANGOLO: significa che la nostra vecchiaia sarà serena e tranquilla.

TRIBUNALE: sognare di trovarsi in tribunale indica errori commessi. Sognare di essere sul banco degli imputati può indicare un'ingiustizia subita, incapacità di difendersi e timore di essere giudicati per le proprie azioni. Può presagire conflitti che stanno per sanarsi.

TROMBA D'ARIA: sognare una tromba d'aria, così come un tornado o un ciclone, indica pensieri turbinosi e caotici. Questo sogno preannuncia cambiamento.

TRONCO: questo sogno presagisce bisogno di aiuto economico che ci verrà dato dagli amici.

TRONO: questo sogno consiglia di controllarsi nel parlare anche se si sta vivendo un periodo tutto sommato sereno.

TROVARE: sognare di trovare qualcosa indica bisogno di conforto in un momento di crisi. Sognare di trovare un oggetto di valore o denaro è di buon auspicio.

TRUCCO: questo sogno indica soddisfazione ma solo momentanea e consiglia di fare attenzione ai tradimenti.

TRUFFA: se si sogna di truffare, presto si potrà mostrare la propria abilità. Venir truffati in sogno preannuncia un invito.

TUBO: questo sogno preannuncia sorprese in arrivo.

TULIPANO: questo fiore in sogno può annunciare fortuna, sicurezza economica e onestà.

TUNNEL: questo sogno indica che tutti gli sforzi che si stanno facendo porteranno a buoni frutti, soprattutto se in sogno si intravede un'apertura o una luce.

TUONO: questo sogno, se non segue un fulmine, presagisce discussioni che potrebbero riguardare anche la famiglia. Di buon auspicio invece se segue un fulmine.

TURCHESE: il turchese in sogno è un ottimo presagio per longevità, serenità e buoni rapporti con gli altri.

U

UBRIACO: sognare di essere ubriachi avverte che dovremmo fare attenzione a non ingannare qualcuno.

UCCELLO: gli uccelli sono simbolo di libertà e nella tradizione di molte culture vengono considerati messaggeri dei defunti. Veder volare in sogno degli uccelli è segno di felicità e benefici soprattutto nell'ambito degli affari, ma uno stormo disordinato può indicare pensieri confusi e se li si sogna volare al tramonto verso occidente, esiti negativi per qualcosa a cui tenevamo molto. Sentirli cantare è augurio di buona riuscita nella vita. Sognare di catturarli preannuncia guadagni; ucciderli invece presagisce disgrazie in famiglia e difficoltà a perseguire i propri ideali. Sognare di trasformarsi in uccello può indicare un cambiamento radicale.

UCCIDERE: questo sogno può indicare senso d'inferiorità se la persona che si uccide in sogno è una persona che si conosce. Sognare di uccidere i propri genitori indica fallimenti; abbondanza invece se si vede uccidere qualcuno in sogno, in quanto può simbolizzare la fine di un problema. Uccidere animali in sogno, guadagni in vista, ma se uccelli, disgrazie in famiglia.

UNGHIE: le unghie indicano aggressività ma anche capacità di difendersi. Sognare unghie lunghe presagisce ingenti guadagni. Corte, invece, annunciano contrattempi ma anche coerenza. Se in sogno si rompono è avvertimento di pericolo o addirittura di morte; sognare di tagliarsele infine indica la fine di una questione che ha causato molte noie e avverte di limitare le spese.

UNGUENTO: ungersi è simbolo di allegria, benessere e anche di capacità di distaccarsi dalle situazioni.

UNIFORME: è simbolo di nudità. Vestire in sogno un'uniforme può indicare il bisogno di ottenere onori e riconoscimenti.

UNIVERSO: l'universo è simbolo che porta fortuna e che allude alla spiritualità e alla magia. Sognarsi al centro dell'universo indica spirito altruistico.

UOMO: sognare un uomo vestito di bianco o con colori chiari augura fortuna; vestito invece di nero, tristezza e difficoltà. Sognare un bell'uomo porta felicità, uno brutto invece malessere; se calvo, ricchezze.

UOVO: sognare un uovo rotto indica chiacchiere, maldicenze e poco impegno negli affari, ma se si rompono delle uova per cucinare, si prevede un'impresa fruttuosa. Se lo si sogna intero, sono in vista cambiamenti positivi. Sognare solo il tuorlo indica dispiaceri a causa del proprio carattere. Sognare un uovo bianco indica buon carattere, testardaggine se invece si tratta di un uovo scuro. Cotto, cambiamenti e successo; sodo, una delusione passeggera.

URAGANO: questo sogno indica gravi difficoltà in famiglia e sul lavoro che potrebbero essere causati da rabbia e aggressività.

URNA: questo sogno può preannunciare la notizia di una nascita e indica felicità nel matrimonio.

URTARE: sognare di urtare qualcuno o qualcosa mentre si cammina o si guida segnala di controllare il proprio impeto.

USCIRE: questo sogno indica il desiderio di porre fine a un rapporto deludente e presagisce un nuovo periodo.

USIGNOLO: sentir cantare un usignolo in sogno indica benessere e piaceri amorosi.

UNICORNO: sognare un unicorno indica il bisogno di comunicare con se stessi al di là della propria vita quotidiana.

UVA: l'uva è simbolo di abbondanza fin dall'antichità. Vedere dei grappoli in sogno annuncia prosperità, felicità duratura e forse anche una nascita. Sognare di pigiare l'uva assicura una vita piena di agi. Uva non matura può preannunciare intralci; se appassita, stanchezza. Sognare di vendemmiare annuncia buoni risultati per le proprie capacità.

V

VACANZA: sognare di essere in vacanza può denotare poca concentrazione e preannunciare una vacanza non troppo soddisfacente.

VAGABONDO: sognare di essere un vagabondo esprime il desiderio di sentirsi liberi dalle convenzioni e consiglia di essere più decisi se vogliamo migliorare la nostra situazione. Se in sogno vediamo un vagabondo, il consiglio è quello di fare attenzione ai propri collaboratori.

VAGINA: in sogno può rappresentare un momento di stasi e consiglia maggiore coraggio e intraprendenza nelle proprie azioni. Se un uomo sogna di avere la vagina può indicare la necessità di ridefinire alcuni propri comportamenti.

VALIGIA: questo sogno segnala un viaggio che ci permetterà di ottenere buoni risultati sia economici che amorosi.

VAMPIRO: sognare di essere assaliti da un vampiro è un avvertimento a tenere d'occhio gli affari perché qualcuno potrebbe intralciarli.

VASCELLO: sognare un vascello in navigazione può preannunciare un viaggio imprevisto. Sognare il naufragio di un vascello può invece preannunciare un decesso.

VASO: sognare un vaso può annunciare un matrimonio. Pieno d'acqua può indicare una nascita; di vino invece consolazione. Se si sogna un vaso rotto, fortuna; se vuoto, qualche rischio.

VEDOVA/O: secondo alcune tradizioni sognare una vedova o un vedovo annuncia la morte del partner, per altre indica lunga vita del partner.

VELENO: sognare del veleno indica un periodo di crisi e amarezza per difficoltà ad affrontare le situazioni. Questo sogno può preannunciare grave malattia o povertà e consiglia di pazientare e di cercare di riparare agli errori commessi. Se nel sogno si viene avvelenati, si preannunciano speranze di miglioramento ma anche la probabilità di perdere alcune amicizie.

VELLUTO: in generale, sognare di vestirsi di velluto indica miglioramenti economici. Andarlo a comperare, però, indica poco impegno sul lavoro e ostentazione della propria ricchezza che potrebbe provocare inimicizie. Se chi sogna è un uomo, il velluto può predire impotenza; per una donna, possibile gravidanza.

VELO: sognare un velo può avere vari significati: l'intenzione di contrarre un matrimonio oppure un ostacolo che si preferisce non superare per paura delle conseguenze. Se si tratta di un velo nero si può anche prospettare un lutto.

VENDERE: questo sogno indica un periodo positivo che preannuncia cambiamento e volontà di sbarazzarsi di tutti i timori e le remore.

VENDETTA: questo sogno annuncia liti con risvolti giudiziari e crisi amorose.

VENE: sognare vene gonfie o rotte indica un periodo di sregolatezza e anche un'amicizia sleale. Questo sogno consiglia di fare attenzione ai propri e altrui comportamenti.

VENTAGLIO: vedere in sogno un ventaglio o usarlo indica in generale contrarietà. Se è una donna a sognarlo è segnale di rivalità e può indicare un attaccamento esagerato al proprio partner.

VENTO: il vento in sogno indica senso di incapacità ad opporsi. Se nel sogno però si avanza controvento, determinazione e possibilità di riuscire nei propri intenti.

VENTRE: sognare di avere male al ventre indica dispiaceri; se lo si sogna gonfio, denaro in arrivo.

VERDURA: sognare della verdura indica progetti che si realizzeranno.

VERME: questo sogno indica ansia. Se si sognano dei vermi che ci vengono incontro è meglio evitare qualcuno che chiacchiera sul nostro conto.

VERRUCA: questo sogno indica sensi di colpa.

VESCOVO: sognare un vescovo indica aiuto e gratitudine.

VESPA: la vespa in sogno può predire pettegolezzi e false accuse. Presagio positivo invece sognare di ucciderla.

VETRO: sognare un vetro pulito indica bontà d'animo; smerigliato è indice di comportamento falso nelle amicizie; rotto preannuncia notizie molto dolorose.

VIAGGIARE/VIAGGIO: sognare di viaggiare simboleggia il viaggio della vita ed esprime il desiderio di cambiamento e di superare i piccoli ostacoli quotidiani. Sognare di viaggiare scomodamente indica che ci troveremo di fronte a diverse avversità. Se però si sogna di fare un viaggio a cavallo o comunque si tratta di un viaggio tranquillo, felicità negli affari, in famiglia e nella vita sentimentale.

VIALE: se si sogna un viale alberato e diritto può prospettarsi un matrimonio o una nascita. Se invece pieno di curve, sventure.

VICINI: questo sogno indica pettegolezzi e maldicenze. Consiglia anche di impegnarsi di più e di rispettare anche gli altri.

VIGNA/VITE: questo sogno indica prosperità e serenità in famiglia. Se spoglia, affari sfortunati. Se infestata da insetti indica pettegolezzi.

VILLAGGIO: sognare di vivere in un villaggio indica tranquillità d'animo e modestia; questo sogno può anche annunciare un viaggio.

VINO: sognare del vino è augurio di prosperità, buone notizie e guadagni anche al gioco. Questo sogno può anche presagire un prossimo matrimonio. Se in sogno se ne beve in eccesso, può indicare incompatibilità con il partner. Sognare di bere in compagnia indica allegria; se da soli, delusioni. Sognare di versare del vino fuori dal bicchiere consiglia di fare attenzione ala propria famiglia. Se si tratta di vino rosso può predire qualcosa di cui vergognarsi.

VIOLA: la viola è simbolo di umiltà e di bontà; denota anche amicizie salde, amore duraturo e riuscita nei progetti.

VIOLINO: udire il suono di un violino in sogno indica benessere e pace spirituale. Se nel sogno lo si sente suonare molto lentamente, può preannunciare un lutto.

VIPERA: la vipera in sogno indica un periodo negativo per l'amore e le amicizie. Se la si sogna acciambellata, segnala situazioni pericolose.

VISCHIO: è un sogno favorevole soprattutto per gli innamorati e per la salute.

VISITA: ricevere visite in sogno indica persone non gradite; fare una visita a qualcuno, cercare di riallacciare dei rapporti ma forse con esiti negativi.

VISO: sognare un viso con bei lineamenti preannuncia una vita lunga e buone amicizie.

VOLARE: è uno dei sogni più piacevoli e indica la vittoria del coraggio e dell'intelligenza sulla paura. Indica ambizione, desiderio. Se si tratta di un sogno ricorrente può indicare mancanza di realismo. Se si sogna di volare per sfuggire a qualcuno, desiderio di rifuggire da situazioni di disagio. Questo sogno può presagire viaggi. Sognare di precipitare indica senso d'inferiorità e paura delle situazioni impreviste.

VOLPE: questo sogno presagisce tradimenti e difficoltà e consiglia maggiore attenzione. Sognare di inseguire una volpe può preannunciare anche un furto o una truffa.

VOMITARE: sognare di vomitare indica ciò che non si riesce ad assimilare e indica difficoltà a conformarsi. Può preannunciare che le nostre necessità verranno soddisfatte e i nostri problemi risolti in breve tempo. Questo sogno può anche indicare risentimenti da parte nostra verso qualcuno che ci ha deluso o fatto un torto.

VULCANO: il vulcano in sogno indica cambiamento e consiglia di non reprimere i propri sentimenti. Sognare un vulcano in piena attività potrebbe indicare discussioni tra familiari e rabbia repressa. Sognare un vulcano spento indica un momento di calma apparente che porterà a qualcosa di nuovo.

Y

YACHT: sognare uno yacht in acque tranquille presagisce soddisfazioni e amicizie. Sognare di possederne uno può indicare mania di grandezza.

Z

ZAFFERANO: lo zafferano è simbolo di saggezza. In sogno può indicare la conoscenza di una persona molto coraggiosa.

ZAFFIRO: è segno di amore e devozione.

ZAINO: questo sogno indica chiacchiere e maldicenze. Se lo zaino è vuoto guadagni troppo scarsi per le proprie necessità.

ZAMPOGNA: sognare una zampogna porta benessere ma anche spese.

ZANZARA: questo sogno può indicare che qualcuno molto noioso e maligno ci arrecherà fastidi.

ZEBRA: la zebra indica insicurezza e apprensione e può preannunciare problemi causati da una persona ambigua. Sognare di cavalcare una zebra, invece, prevede un viaggio.

ZINGARO/A: vedere in sogno degli zingari può presagire cattivi risultati nei propri progetti, persone non fidate e situazioni confuse e incerte.

ZIO/ZIA: sognare uno zio o una zia può indicare una situazione difficile di insoddisfazione.

ZIRCONE: lo zircone è la pietra dedicata agli innamorati, in quanto si ritiene che renda indissolubili i legami d'amore. Se chi sogna uno zircone è stato lasciato, questo sogno può presagire che presto troverà un altro partner.

ZOCCOLI: Sognare degli zoccoli preannuncia sfortuna e dispiaceri, soprattutto in amore. Sognare di toglierseli indica litigi.

ZODIACO: secondo alcuni sognare un qualsiasi segno dello zodiaco significa benessere, felicità e ottimi risultati. Secondo altri presagisce invece la presenza di una persona sciocca alla quale non vale la pena di prestare attenzione.

ZOLFO: indica una situazione di pericolo in cui stare all'erta per non avere grossi guai.

ZOO: sognare uno zoo indica la sensazione di trovarsi prigionieri e il desiderio di esprimersi liberamente. Osservare una scimmia allo zoo indica persone sciocche e pettegole.

ZOPPO: indica periodo fortunato e fine delle incertezze.

ZUCCA: questo sogno indica discussioni in famiglia che sarà meglio accondiscendere. Sognare il fiore della zucca indica goffaggine.

ZUCCHERO: sognare dello zucchero presagisce novità e sorprese e indica un carattere non superficiale.

ZUFFA: essere coinvolti o vedere una zuffa annuncia difficoltà domestiche o nei rapporti con gli amici.

ZUPPA: per il presente può indicare un breve malanno, ma in generale indica lunga vita, benessere e serenità in famiglia.

Finito di stampare nel mese di luglio
per conto di Lorenzo Barbera Editore Srl
presso L.E.G.O. Spa, Lavis (TN)